FEDERALISMO

Introdução ao estudo dos seus princípios

Mario Drumond Coelho
Mestre em Ciência Política pela Universidade de Brasília.
Mestre em Direito Internacional pela Universidade de Heidelberg.
Mestre em Direito Internacional, Investimentos, Comércio e Arbitragem pela Universidade do Chile.
Doutor em Ciência Política e Relações Internacionais pela Universidade Católica Portuguesa.

FEDERALISMO
Introdução ao estudo dos seus princípios

editora Del Rey

Belo Horizonte
2023

Impresso no Brasil | *Printed in Brazil*

EDITORA DEL REY LTDA.
www.livrariadelrey.com.br

Editor: Arnaldo Oliveira

Editor Adjunto: Ricardo A. Malheiros Fiuza (*in memoriam*)

Coordenação Editorial: Letícia Neves

Diagramação e revisão: Know-how Editorial

Capa: JP Designer

Editora:
Rua dos Goitacazes, 71 – Lojas 20 a 24
Centro – Belo Horizonte – MG
CEP 30190-050

Comercial:
Tel.: (31) 3284-3284 / 3293-8233
vendas@editoradelrey.com.br

Editorial:
editorial@editoradelrey.com.br

C672f Coelho, Mario Drumond
Federalismo: introdução ao estudo dos seus princípios / Mario Drumond Coelho.-- Belo Horizonte : Del Rey, 2023.
xii; 160 p.

Bibliografia: p. 133-142.
ISBN: 978-65-00-54966-9

1. Ciência política. 2. Estado. 3. Federalismo. 4. Separação de poderes. I. Título.

CDU 342.24

Ficha catalográfica elaborada pelo bibliotecário Junio Martins Lourenço - CRB-6/3167

Para Amanda.

NOTA DO AUTOR

A presente obra constitui derivação parcial da minha tese de doutoramento em Ciência Política e Relações Internacionais, defendida junto ao Instituto de Estudos Políticos (IEP) da Universidade Católica Portuguesa (UCP), em 11 de julho de 2017. Em termos práticos, decidi selecionar dois capítulos da tese e transformá-los no presente livro, uma obra de caráter *introdutório*. O título do livro – *Federalismo*: *introdução ao estudo dos seus princípios* – buscou inspiração no título de outra obra de perfil igualmente introdutório, a magnífica e monumental *Sociologia*: *introdução ao estudo dos seus princípios* de Gilberto Freyre.

O aproveitamento da tese para a confecção desta obra se faz por força de uma convicção: fala-se muito sobre república no Brasil, e pouco sobre federalismo. Somos uma nação federalista, devemos nos orgulhar disso e é urgente compreender e estudar os postulados da federação. Uma nação que abraça a solução federalista requer, de modo permanente e constante, a construção de uma *cultura federalista*, orientada por dois princípios cruciais: unidade e diversidade.

A noção de unidade é relevante para explicar não apenas o fenômeno do Estado, mas também para aclarar a lógica de pacto que fundamenta toda e qualquer federação, ao passo que a noção de diversidade é capital para revelar aquilo que a federação tem de mais belo: precisamente o espaço dilatado para convívio, mesmo que imperfeito, das diferenças, muitas vezes insanáveis, entre os diversos grupos que integram a sociedade. Federação democrática é aquela que abarca, de modo solidário, as diferenças; é aquela que reconhece, à partida, que são exatamente as diferenças que formam a singularidade das sociedades verdadeiramente pluralistas.

PRÓLOGO[1]

Por Ernesto Heredero del Campo,
ex-cônsul da Espanha no Brasil

Tenho a honra de escrever o prólogo desta obra, uma honra dupla porque, além de o professor Drumond ser um dos intelectuais que mais respeito, este livro que o leitor tem em mãos é, em minha opinião, uma das referências mais claras e profundas que podem ser encontradas sobre a importante questão do federalismo. Além disso, é particularmente útil para desvendar muitas das dinâmicas do sistema político do Brasil, um grande país que, às vezes, torna-se difícil de entender, pois para o observador estrangeiro, e também local, oferece um quadro diversificado e complexo, por uma série de razões, entre as quais a distribuição territorial do poder não é dos fatores menos relevantes.

Além da possível aplicação da análise a países específicos, este livro lança luz sobre a essência do conceito jurídico do federalismo e da dialética entre unidade e diversidade. A obra fornece ao leitor os fundamentos teóricos para responder a inúmeras questões sobre o funcionamento dos sistemas políticos atuais. A escolha do professor Drumond por uma abordagem sistêmica do federalismo é uma das mais poderosas ferramentas analíticas para lidar com o assunto e seus derivados, e um dos pontos fortes deste livro. Recomendo particularmente ao leitor que preste especial atenção às referências que o professor faz à circularidade casual do federalismo brasileiro, à dicotomia União/Estados, que resulta em um antagonismo criativo, e ao papel dos municípios neste desequilíbrio ou tensão criativa como terceiro elemento da geometria triangular projetada na Constituição Brasileira de 1988.

O doutor Drumond, um dos maiores especialistas fora da Espanha sobre as características do sistema autonômico espanhol, solicita que eu me refira à nossa organização descentralizada do

---

1 Traduzido do espanhol para o português por Arlinda Carvalho.

poder para prefaciar sua obra, e à dialética entre unidade e diversidade, que é a pedra angular de nossa Constituição. "São as diferenças que caracterizam as sociedades verdadeiramente pluralistas", ele aponta, com toda a razão, neste livro. Creio que isso coincide com a ideia que animou o poder constituinte espanhol e com o que vem se desenvolvendo em nosso sistema autonômico. Os dois princípios, unidade e diversidade, que para o professor Drumond devem orientar permanentemente a construção de uma cultura federalista, também estão no coração do nosso modelo de Estado.

O modelo autonômico de organização territorial da Espanha, consagrado na Constituição de 1978, foi uma tentativa de resolver um problema histórico em nosso país, refletido em uma variedade de normas constitucionais que implicaram um vaivém entre modelos unitários e descentralizados. Contamos até mesmo em nossa história com alguma experiência denominada federalista. Nosso sistema autonômico representou uma verdadeira novidade, considerada finalmente por alguns autores como semelhante aos modelos federais, se não na letra da Constituição, então como resultado de seu desenvolvimento. Em todo caso, o modelo adotado pelo poder constituinte na transição se destaca por sua originalidade e, por que não afirmar, por seu êxito – já que, por mais críticas que tenha sofrido neste agitado primeiro quarto do século XXI, a Constituição de 1978 representa para nosso país, em muitos aspectos, a história de um sucesso coletivo.

REFERÊNCIA À HISTÓRIA DO CONSTITUCIONALISMO ESPANHOL

A fim de caracterizar nosso sistema constitucional, gostaria de me referir à história constitucional da Espanha, uma vez que nossa Constituição de 1978 tentou encontrar uma solução, e pode-se dizer que ela foi mais do que razoavelmente bem-sucedida, para uma tensão secular entre uma tradição centralista e diversos impulsos centrípetos e diferentes concepções do Estado.

A solução particular adotada permitiu que um bom número de especialistas falasse de um estado que, no direito comparado, pode se enquadrar na família dos estados federais. Na realidade, representou uma novidade tão grande que não foi fácil encaixá-la em nenhuma das denominações existentes. Por essa razão, foi descrita por especialistas sob uma variedade destas: entre as dezenas que existem, podemos lembrar o Estado federal-regional (professor Trujillo), o Estado composto (professor Aragón), o Estado autonômico ou Estados das Autonomias, talvez a fórmula mais bem-sucedida, cunhada pelo professor Sánchez Agesta.

Em minha opinião, o que nossa Constituição de 1978 procurou resolver sobre esse ponto vai muito além de um sistema de organização territorial. É uma resposta a um problema histórico, uma resposta política (que certamente foi endossada pela grande maioria dos espanhóis) a uma inquietude metafísica sobre a existência da Espanha, sobre seu ser e sua natureza. De certa forma, e parcialmente, é claro, responde à pergunta que atormentou tantos pensadores de nosso país, especialmente em tempos de crise de nossa história: o que é a Espanha?

O modelo constitucional de 1978 concebe a Espanha como uma nação plural, e a concepção de nação desenvolvida na Constituição envolve um equilíbrio entre as várias dimensões do "ser" de Espanha.

Em primeiro lugar, com sua dimensão internacional, já que o texto inclui referências à comunidade ibero-americana e outras de sua comunidade histórica e prevê a entrada nas Comunidades Europeias, o que significa que, após a transição, a Espanha estava mais uma vez "em seu lugar", como o ministro das Relações Exteriores Fernando Morán soube dizer com simplicidade. Mas esse ser de Espanha também tem duas outras dimensões essenciais: (1) a unidade do projeto político de um dos Estados-nação mais antigos da Europa, refletido, sobretudo, no Chefe do Estado, com a instituição da Coroa; e na (2) diversidade – fato cultural que a Constituição de 1978 procura proteger e promover, como poucas Normas Fundamentais têm feito. Isso porque incorpora a diferença e a diversidade como dois de seus valores mais preciosos, que vale a pena proteger, além de dotar as entidades infraestatais de competências muito amplas: apenas o Poder Judiciário, a defesa e as relações internacionais, em seu sentido mais estrito, permanecem fora dessas competências, já que, na esfera da ação externa, em sentido amplo, o Tribunal Constitucional reconheceu a atividade das Comunidades Autônomas e sua implantação no exterior dentro dos limites de suas competências e respeitando o princípio da unidade da ação externa.

Neste sentido, ouso dizer que o povo espanhol, por meio do poder constituinte, e expressando seu apoio ao texto nas urnas por uma ressonante maioria, também deu uma resposta ao que é a Espanha – uma resposta a uma pergunta que sempre esteve presente no pensamento espanhol e manifestou-se em diferentes realidades e exigências de natureza territorial, ao longo dos séculos.

Não é segredo que a unidade da Espanha foi posta em questão, em maior ou menor grau, por alguns nacionalismos periféricos. Entretanto, talvez nada torne a Espanha mais forte do que contar com um sistema descentralizado que respeita as minorias e o pluralismo como dois de seus valores fundamentais, entendendo a diversidade como um tesouro que acrescenta, e não subtrai, e que faz parte da identidade e da essência do país.

Por fim, a história do constitucionalismo espanhol foi sendo caracterizada não apenas por uma sucessão de concepções muito diferentes em termos ideológicos, mas também pelo fato de que as opções escolhidas foram frequentemente impostas. A Constituição de 1978, por outro lado, foi fruto de um exercício excepcional de concórdia e consenso, pelo menos na história da Espanha: um compromisso ao qual todos cederam (começando pelas próprias Cortes franquistas, mediante sua dissolução pela Lei de Reforma Política de 1977), e a maioria de nós ganhou, enterrando um antagonismo persistente.

INTRODUÇÃO AO SISTEMA AUTONÔMICO ESPANHOL

O artigo 2 da CE 1978 resume a concepção da Espanha como nação plural: "A Constituição se baseia na unidade indissolúvel da nação espanhola, pátria comum e indivisível de todos os espanhóis, e reconhece e garante o direito à autonomia das nacionalidades e regiões que a integram e a solidariedade entre todas elas".

O Título VIII da Constituição é dedicado inteiramente à organização territorial do Estado. Expõe os princípios do sistema autonômico e as competências que os diferentes Estatutos de Autonomia desenvolveriam. De fato, outra característica do sistema constitucional espanhol é que os Estatutos de Autonomia pertencem ao "bloco de constitucionalidade". Este conceito é referido pelo Tribunal Constitucional como o "conjunto de normas ditadas para delimitar as competências do Estado e das diferentes Comunidades Autônomas ou para regular ou harmonizar o exercício de suas competências" (STC de 7/7/2016).

A Constituição oferece várias opções de acesso a dois tipos de autonomia: uma plena; e outra gradual, cada uma com diferentes níveis de competências. Definidas essas opções, o texto estabelece um sistema original de distribuição de competências, pois não segue nem o sistema federal clássico - com atribuição de determinadas competências à Federação e outras aos Estados - nem o sistema regional, com atribuição de determinadas competências às regiões e outras ao Estado. Assim, são estabelecidas listas de competências que as Comunidades Autônomas podem assumir por meio de seus Estatutos (art. 148), listas de competências exclusivas do Estado (art. 149) -, embora mesmo nestas existam competências compartilhadas pelas Comunidades Autônomas por meio de diferentes fórmulas, cláusulas de fechamento (art. 149.3) e técnicas extraestatutárias de extensão ou restrição de competências (art. 150).

Em qualquer caso, o modelo não se encerrou com a Constituição, e posteriormente o Tribunal Constitucional teve a missão de defini-lo. Segundo os especialistas, foi a Sentença 76/1983 que encerrou a primeira fase do Estado das Autonomias. Durante esses primeiros anos, a dialética entre unidade e autonomia (ou entre o todo e as partes, como o Tribunal frequentemente destacava) foi definida por jurisprudência, e tal foi a importância dessa missão que algum autor se referiu a esta como o sistema de "Estado autonômico jurisdicional".

Os limites à autonomia estabelecidos pela Constituição são dados pelos princípios de igualdade e de solidariedade e respeito à livre circulação de pessoas e bens em todo o território espanhol. Com relação às técnicas de controle das Comunidades Autônomas (art. 153), destaca-se o controle realizado pelo Tribunal Constitucional sobre a constitucionalidade de suas disposições normativas com força de lei. O artigo 155 também estabelece um meio extraordinário de coerção: "Se uma Comunidade Autônoma não cumprir as obrigações impostas pela Constituição ou por outras leis, ou agir de forma a prejudicar gravemente o interesse geral da Espanha, o Governo, após requerimento prévio ao Presidente da Comunidade Autônoma e, se este não for atendido, com a aprovação da maioria absoluta do Senado, poderá adotar as medidas necessárias para obrigar a Comunidade Autônoma ao cumprimento forçoso de tais obrigações ou para proteger o interesse geral mencionado". Esse artigo foi aplicado unicamente uma vez desde 1978, com a intervenção do governo central na autonomia da Catalunha, entre 27 de outubro de 2017 e 2 de junho de 2018. Mas em outra ocasião o governo nacional fez uso do requerimento prévio contemplado no artigo, para uma questão aduaneira com o Governo autonômico de Canárias, em 1989.

Como já adiantei, em termos gerais, é difícil não fazer uma avaliação positiva do desenvolvimento do processo autonômico na Espanha. De fato, mais de quarenta anos após a entrada em vigor da Constituição de 1978, seria difícil para os espanhóis entender um país centralista, uma vez que a descentralização política e a heterogeneidade cultural são sinais de identidade internalizados pela Espanha contemporânea. O sistema de relações entre as instituições centrais e autonômicas pode, naturalmente, ter sido submetido a algumas críticas, mas não se deve esquecer que o período histórico aberto pela Constituição de 1978 significou a normalização do lugar da Espanha no mundo, e uma das etapas de nossa história de mais liberdade e prosperidade.

Por último, gostaria de concluir esta seção compartilhando uma reflexão inspirada no brilhante capítulo deste livro dedicado à questão da diversidade. Quando Drumond se refere ao trabalho do sociólogo brasileiro Gilberto Freyre para aludir à formação da sociedade brasileira como um processo de colonização aristocrática, patriarcal e escravista, e aos aspectos históricos que levaram à formação do Brasil em uma origem não pactuada, eu me lembrei de como alguns autores espanhóis, entre eles os professores Solé Tura (ele próprio um dos relatores de nossa Constituição) e Eliseo Aja, rejeitaram a ideia, *mutatis mutandis,* de que a história do constitucionalismo espanhol fosse uma mera sucessão circular de períodos alternando-se entre pronunciamentos liberais e reacionários e contrapronunciamentos. Para esses autores, seria, sobretudo, uma criação lenta e dramática, em que as tentativas dos setores liberais/progressistas para reformar o sistema institucional da oligarquia alcançaram êxitos parciais para forjar um sistema estatal de natureza liberal-democrática. Sem dúvida, após a Constituição de 1978, o pêndulo se inclinou na Espanha de forma duradoura para o lado da liberdade e do pluralismo.

Em resumo, embora alguns autores da doutrina jurídico-constitucional espanhola e estrangeira considerem que, de um ponto de vista estrutural, o sistema espanhol poderia ser considerado de caráter federal, a originalidade do poder constituinte espanhol escapa a qualquer engessamento. A dialética entre unidade e diversidade resulta em uma síntese constitucional estável. Nas palavras do professor Tomás y Valiente: "A diversidade vem da história, explica fatos diferenciais tão antigos quanto as línguas e deve ser reconhecida como uma realidade enriquecedora e não como obstáculo ou fardo lamentável ao qual devemos nos acostumar ou conviver de forma resignada. A diversidade é constitutiva e enriquecedora, sim, positiva, sim: desde que todos nós queiramos continuar formando uma unidade, uma sociedade política unitária. O problema, portanto, não é a apreciação da diversidade, mas a aceitação ou rejeição da síntese, da fórmula constitucional unitária, válida para todos aqueles que, conscientes e defensores de uma pluralidade constitucionalmente reconhecida, protegida e estatutariamente organizada, queiram seguir fazendo parte dessa unidade política superior, que é a Espanha ou o Estado espanhol".

Gostaria de concluir parabenizando o professor Drumond pelo rigor de sua obra e pela coragem e erudição de sua exposição. Este tratado sobre o federalismo se tornará uma obra de referência, pois para todos os leitores em geral, e em particular para os estudantes, constitui uma estrutura teórica para compreender tanto o valor da integração e de seus princípios como de seus componentes e problemas. Em suma, tornou acessível para todos nós os conceitos jurídicos e filosóficos deste assunto crucial para o enfrentamento dos desafios atuais de nossos sistemas políticos. E acredito que ele conseguiu tudo isso ao trazer a experiência e a excelência de sua própria trajetória profissional em três âmbitos: como pesquisador; em seu conhecimento da administração pública; e em sua carreira docente. Finalmente, eu diria que esta obra também reflete a dedicação do autor à ciência jurídica e, sobretudo, seu amor pelo Brasil.

SUMÁRIO

CAPÍTULO 1

O FEDERALISMO E SEUS PRINCÍPIOS

Para efeito de clareza não apenas conceitual, mas principalmente para o fim de distinção de categorias, *princípios* e *normas* representam, para todas as finalidades deste livro, tópicos distintos, o que certamente não implica a negação da conexão qualitativa entre uma coisa e outra. Quando falamos em princípios, a referência diz respeito aos princípios do federalismo, tais como unidade, diversidade, cooperação, divisão de poder, descentralização e freios e contrapesos; e, ainda, quando for o caso, ao federalismo quando tido por princípio *per se*. Por conseguinte, princípios do federalismo e não quaisquer princípios, muito menos *princípios de direito*.[1] Ademais, sem prejuízo de eventuais entendimentos diversos sobre a separação conceitual e categórica entre princípios e normas, e sem menosprezar quaisquer opiniões tendentes a mesclar princípios e normas em fenômenos unitários que não mereçam, por conseguinte, distinções de ordem qualitativa, optamos por seguir aquela linha de pensamento preconizada por J. Esser (1961) em sua magistral obra *Principio y norma en la elaboración jurisprudencial del derecho privado*, segundo a qual "ningún principio actúa por sí solo como creador de normas, sino que únicamente posee fuerza constitutiva o valor constructivo en unión con el conjunto del ordenamiento reconocido, dentro del cual le incumbe una función bien definida".[2] Em outras palavras:

---

1 GRAU, E. R. (2002). *Ensaio e discurso sobre a interpretação/aplicação do direito.* São Paulo, Malheiros, p. 37.

2 ESSER, J. (1961). *Principio y norma en la elaboración jurisprudencial del derecho privado.* Barcelona, Bosch, p. 88.

princípios e normas como categorias (entendidas aqui como conceitos de alto grau de generalidade) distintas.

Este entendimento não implica asseverar que um determinado princípio não possa revelar-se na forma de norma positivada por dada carta constitucional. É o que ocorre, por exemplo, com o princípio da cooperação, *incorporado* ao corpo normativo da CF/88 na forma do parágrafo único de seu artigo 23: "Leis complementares fixarão normas para a cooperação entre a União e os Estados, o Distrito Federal e os Municípios, tendo em vista o equilíbrio do desenvolvimento e do bem-estar em âmbito nacional". Neste caso, como em outros, a Carta Magna do Brasil cuidou de *incorporar* ao seu texto, na forma de normas expressas, estes ou aqueles princípios do federalismo. Estamos diante de um processo de incorporação de princípios, o qual tem, em síntese, um *momento anterior* (a existência do princípio como elemento que integra a teoria do federalismo, sendo, portanto, princípio externo à determinada ordem constitucional vigente) e, ainda, um *momento posterior* (a promulgação de determinado texto constitucional contendo de forma expressa, ou mesmo tácita, princípios do federalismo). Naquele momento primário, o princípio ainda não é norma; neste momento secundário, o princípio sofre aquela metamorfose essencial, adquirindo contornos de norma constitucional. Já incorporado como norma, o princípio preserva-se e prolonga-se como essência principiológica da norma consagrada por dada carta constitucional.

Esta distinção entre princípios e normas se faz necessária por força da separação de categorias que norteia a própria linha de pensamento proposta para a pesquisa que orientou esta obra, pautada fundamentalmente pelo *processo de dedução*, o qual compreende, por seu turno, um esquema definido por seis etapas, segundo a formulação de A. Bryman (2008):

Quadro I

PROCESSO DE DEDUÇÃO[3]

(I) TEORIA

↓

(II) HIPÓTESE

↓

(III) COLETA DE DADOS

↓

(IV) DESCOBERTAS

↓

(V) CONFIRMAÇÃO OU REJEIÇÃO DA HIPÓTESE

↓

(VI) REVISÃO DA TEORIA

Especificamente no tocante ao primeiro passo, marco metodológico inicial da pesquisa, tome-se por referência máxima a teoria do federalismo (incluídos os seus princípios); daí a ênfase sobre a distinção entre princípios e normas. Outro argumento a escorar tal diferenciação diz respeito à seguinte constatação: sendo verdadeira a premissa segundo a qual princípios e normas constituem categorias distintas, seria ilógico imaginar normas de substância federalista de um texto constitucional de 1988 terem sido concebidas pelo constituinte de ocasião sem amparo de uma teoria que lhes desse conteúdo tão específico.

Neste sentido, é apropriado assegurar que até mesmo os diversos princípios orientadores da teoria do federalismo, fecundamente

3 BRYMAN, A. (2008). *Social research methods*. Oxford, Oxford University Press, p. 10.

brotados do empenho intelectual de Madison, Hamilton e Jay, naqueles escritos produzidos entre outubro de 1787 e agosto de 1788, continuam a preservar, ainda hoje, a condição singular de *princípios* quando confrontados, sob o ponto de vista temporal, com o próprio texto constitucional dos EUA, o qual só haveria de entrar em vigor no começo do terceiro mês do ano de 1789.

Em outras palavras, os princípios que norteiam a teoria do federalismo moderno são obviamente anteriores à CF/88 e a quaisquer outras cartas constitucionais de países federalistas editadas após o mês de agosto de 1788, o que implica supor não ser plausível confundir os princípios do federalismo com normas constitucionais de orientação federalista, uma vez que, sob qualquer ângulo ou sob qualquer hipótese, tais normas terão sido, e serão sempre, concebidas e editadas sob o impacto de princípios teóricos que lhe são forçosamente anteriores. Ainda no que tange à separação entre princípios e normas, a lição da Corte Constitucional italiana em sentença de 1956:

> Faz-se mister assinalar que se devem considerar como princípios do ordenamento jurídico aquelas orientações e aquelas diretivas de caráter geral e fundamental que se possam deduzir da conexão sistemática, da coordenação e da íntima racionalidade das normas, que concorrem para formar assim, num dado momento histórico, o tecido do ordenamento jurídico.[4]

Se tomarmos como referência conceitual o fragmento segundo o qual "se devem considerar como princípios do ordenamento jurídico aquelas orientações e aquelas diretivas de caráter geral e fundamental", lançando-se ao mesmo tempo este entendimento para o campo do estudo em curso, poderíamos construir o seguinte postulado paralelo: "devem-se considerar como princípios do federalismo aquelas orientações e aquelas diretivas de caráter geral e fundamental". São precisamente a generalidade e a fundamentalidade que conferem às orientações e às diretivas citadas o sentido de *princípios*, sendo por isso mesmo correto o entendimento segundo o qual os princípios do federalismo são deduzíveis da conexão sistemática, da coordenação e

---

4 *Giur. Costit.*, I, 1956, 593, *apud* Norberto Bobbio, "Principi generali di Diritto", in *Novissimo Digesto Italiano*, v. 13, p. 889.

da íntima racionalidade, não das normas (pois neste caso não estamos, em verdade, diante de um problema de natureza normativa), mas dos elementos políticos que consubstanciam os próprios princípios (p. ex., os atores que se enfrentam nos palcos empíricos dos freios e contrapesos), que concorrem para formar, assim, em dado momento histórico, o tecido político da federação. Em linhas gerais, ressalte-se, o teor do fragmento da sentença da supramencionada corte italiana, mesmo confinada à esfera própria da *jurisprudentia*, é bastante significativo, pois ratifica de forma inconteste o entendimento segundo o qual há diferença categórica entre princípios e normas, distinção de ordem jurídica perfeitamente transponível para a esfera dos estudos políticos.

A controvérsia em tela constitui o teor de um debate afeto, fundamentalmente, à Ciência do Direito. A separação conceitual entre princípio e norma, contudo, é crucial para a análise em curso sobre a teoria do federalismo à luz da Carta Política do Brasil editada em 1988. O que deve restar claro, para todos os efeitos deste estudo, é o que segue: os princípios do federalismo (P^x) e as normas constitucionais brasileiras de conteúdo federalista (N^y) são categorias conceituais rigorosamente distintas, o que não implica afirmar inexistir relação de complementaridade entre elas. São categorias distintas na medida em que os princípios não são, por definição, proposições imperativas (não apresentam caráter de mando e não exprimem uma ordem), ao passo que normas jurídicas positivadas – nesta ou naquela ordem jurídica – são postulados imperativos (apresentam caráter de mando e exprimem uma ordem). No tocante ao significado de norma jurídica, a preleção objetiva de M. D. Santos (2005):

> Norma jurídica, em sentido amplo, é uma prescrição. São os documentos prescritivos do direito. Implicam o dever-ser em estado potencial, lançado para um futuro que pode ocorrer. Como exemplo, citamos a Constituição, emenda constitucional, lei complementar, leis ordinárias, medidas provisórias, resoluções, decretos, sentenças, acórdãos, contratos e atos administrativos.[5]

[5] SANTOS, M. D. (2005). Norma jurídica: uma questão de linguagem. *VEREDAS – Revista de Estudos Linguísticos*. 9 (1-2), p. 111.

1.1 CONCEITO DE FEDERALISMO

Em linhas gerais, o federalismo compreende um sistema de divisão territorial de poder. Este conceito, mínimo, abriga uma informação da maior relevância: é divisível o exercício do poder. Mais relevante, contudo, é saber o modo pelo qual efetivamente tal divisão ocorre e, mais especificamente, a maneira pela qual esta divisão do exercício do poder opera no contexto do modelo federalista em vigor no Brasil desde 1988. Ainda no campo dos conceitos mínimos, E. Ryan (2007) vislumbra desta forma o federalismo: "Definido de forma simples, o federalismo refere-se ao sistema de governo em que o poder é dividido entre uma autoridade central e subunidades políticas regionais, cada qual com autoridade para regular diretamente seus cidadãos".[6] Temos, por conseguinte, um sistema orientado essencialmente por duas esferas de exercício de poder, uma central (a União) e outra periférica (os Estados); os dois domínios exercem, ademais, parcelas específicas de autoridade sobre os cidadãos. Esta relação binária (centro ↔ periferia), sob qualquer ponto de vista, é crucial não apenas para o funcionamento dos modelos federalistas vigentes, mas principalmente para o entendimento do federalismo como sistema (ver Capítulo 2), independentemente do arranjo concreto sob investigação.

A. Gamper (2005), ainda no campo mais abrangente dos conceitos mínimos, assevera que o federalismo é "um princípio aplicável aos sistemas integrados por no mínimo duas partes constituintes que não são totalmente independentes, mas que agregadas formam o sistema no seu todo".[7] D. Halberstam (2012), em linha análoga, define da seguinte maneira o federalismo: "A coexistência num ente constituído de múltiplos níveis de governo, cada qual com atribuições

---

6 RYAN, E. (2007). Federalism and the Tug of War Within: Seeking Checks and Balance in the Interjurisdictional Gray Area. *Maryland Law Review*. 66 (3), p. 518: "Roughly defined, federalism refers to a system of government in which power is divided between a central authority and regional political sub-units, each with authority to directly regulate its citizens".

7 GAMPER, A. (2005). A Global Theory of Federalism: The Nature and Challenges of a Federal State. *German Law Journal*. 6 (10), p. 1299: "a principle that applies to systems consisting of at least two constituent parts that are not wholly independent but together form the system as a whole".

constitucionalmente fundadas sobre certo grau de autonomia organizacional e autoridade jurisdicional".[8] Neste sentido, podemos observar que o conceito formulado por A. Gamper reconhece, ou sugere, a possibilidade específica de arranjos federalistas com mais de dois níveis de governo (daí a hipótese de, *no mínimo*, duas partes constituintes), informação significativa quando considerada a arrumação federalista em vigor no Brasil (disposição integrada por três níveis). Esta particularidade, aliás, é destacada de maneira enfática por C. Souza (2005) em sua apreciação sobre a espécie de federação implementada no Brasil em 1988. Para a supramencionada autora, "diferentemente de muitas federações, a brasileira (...) é um sistema de três níveis (triplo federalismo) porque incorporou os municípios, juntamente com os estados, como partes integrantes da federação, refletindo uma longa tradição de autonomia municipal e de escasso controle dos estados sobre as questões locais".[9]

Independentemente da definição proposta, é possível perceber com muita clareza não haver consenso conceitual possível quando o tema sob exame diz respeito ao federalismo. Daí o alerta absolutamente pertinente de C. V. Rocha (2011):

> Em décadas recentes, os estudos sobre o federalismo ganharam relevo na agenda de pesquisa da ciência política. Apesar da considerável produção de trabalhos realizados até o momento, essa área de pesquisa ainda se defronta com desafios que podemos caracterizar como básicos. Um desses desafios – talvez o mais fundamental de todos, mas nem por isto o menos problemático – é estabelecer um consenso minimamente razoável sobre o significado de federalismo. Não há, até o momento,

[8] HALBERSTAM, D. (2012). In *The Oxford Handbook of Comparative Constitutional Law* (Chapter 27). Edited by Michel Rosenfeld and András Sajó. Oxford, Oxford University Press, p. 580: "The coexistence within a compound polity of multiple levels of government, each with constitutionally grounded claims to some degree of organizational autonomy and jurisdictional authority".

[9] SOUZA, C. (2005). Federalismo, desenho constitucional e instituições federativas no Brasil pós-1988. *Revista de Sociologia e Política*. 24, p. 110.

> um acordo suficiente sobre quais seriam os traços definidores de uma federação, pois a variedade de arranjos adotados pelos chamados estados federados resiste a uma única definição. As teorias, apesar de concordarem sobre alguns de seus traços característicos básicos, acabam enfatizando aspectos diferentes do fenômeno e, portanto, fornecem a mesma denominação para casos significativamente diferenciados.[10]

Os fragmentos transcritos (E. Ryan; A. Gamper; D. Halberstam) têm a finalidade de introduzir o tema do federalismo em termos conceituais. Estes conceitos mínimos, por óbvio, têm alcance limitado no tocante à explicação da totalidade da realidade do federalismo como arranjo político de divisão do poder. São, contudo, pertinentes, pois como bem colocado por R. Quivy e L. V. Campenhoudt (2013), "a conceptualização é mais do que uma simples definição ou convenção terminológica. É uma construção abstracta que visa dar conta do real".[11] Neste sentido, revela-se oportuna a triagem de conceitos mais abrangentes, os quais, mesmo que incompletos ou ainda que imperfeitos, tendem a descrever o federalismo em termos mais qualitativos do que mecânicos.

Y. Blank (1991) e A. Levi (2002) são dois autores que apresentam conceitos de federalismo precisamente com maiores contornos qualitativos; ambos, além do mais, identificam em suas proposições *o federalismo como categoria teórica autônoma*, informação significativa para a investigação da matéria no tocante aos aspectos metodológicos da pesquisa, especialmente no que diz respeito à validade da teoria federalista (de origem norte-americana) quanto à experiência concreta brasileira principiada no ano de 1988. O conceito formulado de Y. Blank, por exemplo, ratifica a noção de *divisão do poder*, princípio essencial à teoria do federalismo:

---

10 ROCHA, C. V. (2011). Federalismo: dilemas de uma definição conceitual. *Civitas – Revista de Ciências Sociais*. 11 (2), p. 324.

11 QUIVY, R., & CAMPENHOUDT, L. V. (2013). *Manual de investigação em ciências sociais*. Lisboa, Gradiva, p. 121.

> De acordo com o retrato típico do federalismo como uma teoria política transportada para um regime legal elaborado, trata-se de uma teoria política em que a soberania é composta de duas camadas de governo, cada qual soberana apenas parcialmente, com uma constituição que protege a divisão de poderes entre as duas camadas.[12]

L. Levi (1991), por seu turno, é responsável pelo verbete "federalismo" no *Dicionário de Política* de N. Bobbio, N. Matteucci e G. Pasquino. Além de ratificar a dimensão teórica do federalismo, L. Levi vai além ao colocar em pauta a questão do elemento humano:

> Começando a considerar o federalismo do ponto de vista daquilo que ele nega mais do que daquilo que ele afirma, é possível, talvez, chegar mais facilmente a compreender o seu significado. De fato, do ponto de vista histórico, as determinações positivas da teoria do federalismo foram se esclarecendo através da experiência da negação da divisão do gênero humano em estados soberanos.[13]

Compreender o federalismo em termos conceituais, e nomeadamente à luz da teoria, é ao mesmo tempo fundamental para o entendimento amplo sobre a disciplina e crucial para a finalidade estrita desta obra. Mais importante, no entanto, é reconhecer que não há teoria divorciada daquilo que realmente existe. Se há uma teoria federalista, há do mesmo modo a realidade das vivências federalistas. Daí a reflexão, necessária e insuperável, de K. Popper (2004) em sua *Lógica das ciências sociais*:

---

12 BLANK, Y. (2009). Federalism, subsidiarity, and the role of local governments in an age of global multilevel governance. *Fordham Urban Law Journal*. 37 (2), p. 524: "According to the typical depiction of federalism as a political theory translated into an elaborate legal regime, it is a political theory in which sovereignty is composed of two layers of government, each of which is only partly sovereign, with a constitution that protects the division of powers between the two layers."

13 BOBBIO, N., MATTEUCCI, N., & PASQUINO, G. (1991). *Dicionário de política*. Brasília, Editora Universidade de Brasília, p. 475.

> Como em todas as outras ciências, estamos, nas ciências sociais, sendo bem ou mal sucedidos, interessantes ou maçantes, frutíferos ou infrutíferos, na exata proporção à significância ou interesse dos problemas a que estamos ligados; e também, é claro, na exata proporção à honestidade, retidão e simplicidade com que atacamos estes problemas. Em tudo isto não estamos, de modo algum, confinados a problemas teóricos. Sérios problemas práticos, como os problemas de pobreza, de analfabetismo, de supressão política ou de incerteza concernente a direitos legais, são importantes pontos de partida para pesquisa nas ciências sociais. Contudo, estes problemas práticos conduzem à especulação, à teorização, e, portanto, a problemas teóricos. Em todos os casos, sem exceção, é o caráter e a qualidade do problema e também, é claro, a audácia e a originalidade da solução sugerida, que determinam o valor ou a ausência do valor de uma empresa científica.[14]

1.2 O FEDERALISMO COMO TEORIA

Se não há teoria divorciada daquilo que realmente existe, não há realidade que não possa, em tese, ser explicada à luz da teoria. A. Bryman (20), em lição sobre teoria e pesquisa, destaca que "mesmo ideias altamente abstratas, tais como as noções de 'variáveis padronizadas' e 'requisitos funcionais' de Parsons, devem possuir alguma conexão com uma realidade externa (...)".[15] R. Borja (1997), por exemplo, atesta de maneira categórica que o federalismo "é a teoria e prática do estado federal".[16] No caso da teoria do federalismo, a conexão entre teoria e realidade não é apenas evidente (basta que sejam consideradas todas as experiências federalistas já vivenciadas); é também imperativa: surgiu a teoria do federalismo como resposta

14 POPPER, K. (2004). *Lógica das ciências sociais*. Rio de Janeiro, Tempo Brasileiro, p. 15.

15 BRYMAN, A. (2008). *Op. cit.*, p. 6: "Even highly abstract ideas, such as Parsons's notions of 'pattern variables' and 'functional requisites', must have some connection with an external reality (...)".

16 BORJA, R. (1997). *Enciclopedia de la política*. México (D. F.), Fondo de Cultura Económica, p. 436.

aos desafios impostos pela realidade dos EUA naquela segunda metade de século XVIII.

Os textos de Publius são, ao final, um alargado conjunto harmônico de várias melodias teóricas, todas vinculadas, em maior ou menor intensidade, à realidade de uma nação em processo de construção e à realidade de outros povos. Quando Madison, na parte derradeira do *Federalist Paper nº 18*, faz uma contraposição entre anarquia e tirania, não há dúvida sobre o caráter teórico de tal contraste. O mesmo Madison, no entanto, faz ode preliminar à realidade ao levar em conta o peso e o valor da experiência histórica:

> Pensei que não era supérfluo apresentar as grandes linhas deste importante período da história, não só porque nos ensina mais do que uma lição como porque, como suplemento às linhas gerais da Constituição Acaia, ilustra enfaticamente a tendência dos corpos federais, que é maior para a anarquia entre os membros do que para a tirania por parte dos seus chefes.[17]

Constituem os textos de Publius, por excelência, *o marco teórico primário do federalismo*, o que obviamente não implica ignorar, desprezar ou mesmo refutar conteúdos de literatura anterior que tenham contribuído, de forma direta ou indireta, para a edificação de um pensamento federalista. Basta rememorar a influência direta do fecundo espólio teórico de Charles-Louis de Secondat (Barão de *La Brède* e de *Montesquieu*) sobre a extraordinária obra de Publius. Se "a busca pela compreensão da realidade empírica do poder político e seu exercício"[18] representa uma das três preocupações da Ciência Política, como tratou de delimitar D. Elazar (1987) em *Exploring Federalism*, tal compreensão exige o resguardo da teoria.

R. Boudon e F. Bourricaud (1993), citando R. K. Merton (1910-2003), apontam para a existência de sete acepções da palavra *teoria*:

17 HAMILTON, A., MADISON, J., & JAY, J. (2011). *Op. cit.*, p. 192.

18 ELAZAR, D. (1987). *Exploring federalism*. Tuscaloosa, University of Alabama Press, p. 1: "The search for understanding of the empirical reality of political power and its exercise".

"1) metodologia; 2) ideias diretrizes; 3) análise dos conceitos; 4) interpretações *post factum*; 5) generalizações empíricas; 6) *derivação* (dedução de corolários decorrente de proposições já estabelecidas) e *codificação* (busca por indução de proposições gerais que permitam subsumir proposições particulares já estabelecidas); 7) teoria *stricto sensu*".[19] Desde já, cumpre relembrar que o presente estudo pauta-se essencialmente no *processo de dedução*, daí a importância da sexta acepção, em especial a *derivação*. Do ponto de vista metodológico, é a teoria do federalismo, portanto, o ponto de partida para a pesquisa que deu origem à presente obra.

Se confrontarmos a teoria do federalismo às acepções supracitadas, é possível constatar a compatibilidade entre todas elas e a mencionada teoria. No primeiro caso, pode-se tomar a teoria do federalismo como estudo dos métodos constitucionais de divisão vertical do poder.

No segundo caso, pode-se investigar a teoria do federalismo em função de certas diretivas do pensamento federalista, tais como o perigo relacionado às "tentativas do governo para estabelecer uma tirania"[20] (*Federalist Paper nº 28*) e a "ameaça de usurpação"[21] (*Federalist Paper nº 31*).

Quanto à terceira acepção, a teoria do federalismo pode ser utilizada como meio de análise dos conceitos que guardam vinculação com a própria manifestação federalista: por exemplo, os conceitos de poder, competência e autonomia.

No tocante à quarta acepção, a teoria do federalismo pode ser empregada como meio interpretativo de fatos ocorridos posteriormente à edição, por exemplo, de normas constitucionais relacionadas diretamente ao funcionamento da federação, de suas instituições e de seus poderes constituídos (é o caso da Emenda Constitucional nº 16, de 1997[22]).

---

19 BOUDON, R., & BOURRICAUD, F. (1993). *Dicionário crítico de sociologia*. São Paulo, Ática, p. 558.

20 HAMILTON, A., MADISON, J., & JAY, J. (2011). *Op. cit.*, p. 267.

21 HAMILTON, A., MADISON, J., & JAY, J. (2011). *Op. cit.*, p. 289.

22 Reeleição para os cargos de presidente da república, governadores e prefeitos.

No que diz respeito à quinta acepção, a teoria do federalismo compreende justamente aquele conjunto de generalizações derivadas da própria experiência federalista das nações. Um exemplo brasileiro: desde 1889, em épocas de regimes autoritários, o federalismo brasileiro vivenciou, *invariavelmente*, excessiva concentração de poder na esfera da União.

Concernente à sexta acepção, a teoria do federalismo pode ser tratada em função de dois processos: dedução e indução (ver Quadro 2).

Quadro 2
ABORDAGEM DA DEDUÇÃO: (i) TEORIA ↓ (ii) HIPÓTESE ↓ (iii) OBSERVAÇÕES
ABORDAGEM DA DEDUÇÃO: (i) OBSERVAÇÕES ↓ (ii) HIPÓTESE ↓ (iii) TEORIA

Em qualquer um dos casos, a teoria é crucial para a validade geral do processo de investigação: ou será ponto de partida (*deductive approach*) ou será ponto de chegada (*inductive approach*).[23] No primeiro caso, toma-se a teoria do federalismo como partida e verifica-se, por exemplo, se a hipótese de efetiva separação de poderes confirma-se ou não, mediante determinadas observações, no contexto concreto de determinada experiência federativa. No segundo caso, observa-se de início o comportamento concreto, por exemplo, destes ou daqueles agentes públicos no quadro geral das relações de poder no âmago da federação em causa. Em seguida, gera-se uma hipótese ("a filiação partidária dos governadores constitui variável determinante para a cooperação entre Estados e União") e verifica-se se esta hipótese conforma-se ou não aos postulados da teoria do federalismo.

Finalmente, a teoria do federalismo como teoria *stricto sensu*; ou seja, a teoria do federalismo como teoria propriamente dita. A tautologia, diga-se, é aparente: trata-se não apenas de confirmar o que a teoria é, mas também de sublinhar e recordar, de modo tangencial, o que ela também pode ser (precisamente as outras seis acepções). Em outras palavras, R. Boudon e F. Bourricaud sinalizam que o amplo espectro de possiblidades do uso da palavra *teoria* abarca exatamente a mais específica das acepções: a teoria no seu significado mais puro. O problema não é tautológico, mas sim de ênfase. Se todas as acepções são relevantes, a sétima vai além da sua própria relevância, pois compreende o sentido exclusivo do termo. Nessa perspectiva, apropriada a reflexão de A. Bhattacherjee (2012) sobre os pilares do conhecimento científico:

> Nós alcançamos as leis científicas ou teorias por intermédio de um processo de lógica e evidência. A lógica (teoria) e a evidência (observações) são os dois, e os únicos dois, pilares sobre os quais o conhecimento científico é baseado. Na ciência, teorias e observações são inter-relacionadas e não podem existir isoladamente. As teorias conferem sentido e significado àquilo que observamos, e as observações contribuem para validar ou refinar teorias existentes ou construir novas teorias. Quaisquer

[23] BRYMAN, A. (2008). *Op. cit.*, p. 11.

outros meios de aquisição de conhecimento, tais como fé e autoridade, não poderem ser considerados ciência.[24]

1.3 PRINCÍPIOS DO FEDERALISMO

Os próximos sete tópicos do presente estudo serão dedicados à apreciação dos princípios do federalismo, a saber: (1) unidade; (2) diversidade; (3) divisão do poder; (4) descentralização; (5) cooperação; (6) separação de poderes; e (7) freios e contrapesos. Preliminarmente, cumpre ressaltar não ter o texto a pretensão de realizar uma investigação exaustiva sobre cada um dos princípios aqui apontados. Todavia, dado o enfoque teórico da averiguação em curso, entendemos que a análise do federalismo, à luz dos princípios que lhe dão conteúdo e sentido, constitui tarefa necessária para o adequado entendimento da matéria.

O tema dos princípios, independentemente do campo do conhecimento perquirido, é um tema fundamentalmente epistemológico. Nos termos da definição precisa de A. Lalande (1993), a epistemologia "é essencialmente o estudo crítico dos princípios, das hipóteses e dos resultados das diversas ciências, destinado a determinar a sua origem lógica (não psicológica), o seu valor e a sua importância objetiva".[25] Não há ciência possível divorciada dos princípios que norteiam o próprio pensamento científico, assim como não é plausível compreender e operar o método científico em desacordo com aqueles princípios que conferem um mínimo de significado aos fenômenos investigados. Os princípios são, ao final, paradigmas

---

24 BHATTACHERJEE, A. (2012). *Social science research: principles, methods, and practices.* Tampa, University of South Florida, p. 3: "We arrive at scientific laws or theories through a process of logic and evidence. Logic (theory) and evidence (observations) are the two, and only two, pillars upon which scientific knowledge is based. In science, theories and observations are interrelated and cannot exist without each other. Theories provide meaning and significance to what we observe, and observations help validate or refine existing theory or construct new theory. Any other means of knowledge acquisition, such as faith or authority, cannot be considered science".

25 LALANDE, A. (1993). *Vocabulário técnico e crítico da Filosofia.* São Paulo, Martins Fontes, p. 313.

orientadores fulcrais para o procedimento dos sujeitos e para a interpretação dos objetos.

Não tem o texto, ademais, a ambição de proclamar, inclusive por força de limitações espaciais, os sete princípios como os únicos relacionados à doutrina do federalismo. Há outros, é certo: princípio da subsidiariedade;[26,27] princípio da solidariedade;[28,29] princípio da equidade;[30,31] princípio da supremacia;[32,33] e princípio da coordenação[34,35] (apenas para trazer à baila mais cinco). Por sua vez, a lista dos sete tópicos está longe de guardar, também é certo, qualquer dose de arbitrariedade, na medida em que há, na literatura relacionada ao federalismo, determinado consenso sobre os aludidos princípios, mesmo que parcial.

O que deve ser aqui enfatizado é que o federalismo – do ponto de vista de seus fundamentos teóricos e do ponto de vista de seus experimentos históricos – será orientado, invariavelmente, por um dado conjunto específico de princípios. Neste sentido, uma *Ordem Executiva* da Casa Branca (*Executive Order 12612*), editada em 26 de outubro de 1987, por Ronald Reagan, dá a exata dimensão da importância dos

---

26 BEGG, I. (2009). *Fiscal federalism, subsidiarity and the EU budget review*. Stockholm, Swedish Institute for European Policy Studies (SIEPS), p. 8.

27 FINLAY, L., & ZIMMERMANN, A. (2011). Reforming federalism: a proposal for strengthening the Australian federation. *Monash University Law Review*. 37 (2), p. 216.

28 GUNLICKS, A. B. (2005). German federalism and recent reform efforts. *German Law Journal*. 6 (10), p. 1288.

29 FLEINER, T. (2009). The current situation of federalism in Switzerland. *Revista d'Estudis Autonòmics y Federals*. 9, p. 56.

30 BENNETT, R. J. (1983). Individual and territorial equity. *Geographical Analysis*. 15 (1), p. 52.

31 STEUERLE, C. E. (1998). *The government we deserve: responsive democracy and changing expectations*. Washington, D.C., Urban Institute Press, p. 175.

32 WESTOVER, C. L. (2005). Structural interpretation and the new federalism: finding the proper balance between state sovereignty and federal supremacy. *Marquette Law Review*. 88 (4), p. 694.

33 HANSCHEL, D. (2012). German federalist thinking and international law. *Goettingen Journal of International Law*. 4 (2), p. 368.

34 PI-SUÑYER, C. V. (2010). *The transition to a decentralized political system in Spain*. Ottawa, Forum of Federations, p. 18.

35 ACKERMAN, B. A. (1980). Beyond the New Deal: Coal and the Clean Air Act. *The Yale Law Journal*. 89, p. 1561.

princípios para a administração das federações. No preâmbulo do aludido documento, o então Chefe do Executivo justificava o inteiro teor da supramencionada *Ordem Executiva* exatamente nos termos seguintes:

> (...) restaurar a divisão das responsabilidades governamentais entre o governo nacional e os Estados vislumbrada pelos Redatores da Constituição e assegurar que os princípios do federalismo estabelecidos pelos Redatores guiem os departamentos e as agências do Executivo na formulação e na implementação de políticas.[36]

O mesmo documento, em sua *Section 2*, fala em *princípios fundamentais do federalismo*, elencando para tal efeito nove tópicos, entre os quais a *divisão do poder*, a *diversidade*, a *separação de poderes* e a *cooperação* (ou seja, quatro dos sete que serão sopesados nas próximas páginas).[37] Em breve síntese, a apreciação daqueles sete princípios dar-se-á ao amparo da convicção de que tal análise é imprescindível para uma compreensão mais abrangente do federalismo.

1.3.1 Princípio da unidade

Quando M. Weber (1979) cuidou de teorizar a noção de *monopólio da coação física legítima*,[38] um paradigma crucial para a compreensão do estado moderno, ele o fez em harmonia com um dado espacial ("dentro de um território") e um dado político ("como meio de domínio"):

> O estado moderno é uma associação de domínio com caráter institucional que tratou, com êxito, de monopolizar, dentro de

---

36 *Executive Order 12612*: "(...) to restore the division of governmental responsibilities between the national government and the States that was intended by the Framers of the Constitution and to ensure that the principles of federalism established by the Framers guide the Executive departments and agencies in the formulation and implementation of policies". Para a íntegra do documento, ver *The American Presidency Project* (fonte: http://goo.gl/gz4jhk).

37 Respectivamente os tópicos (c), (f), (g) e (h).

38 WEBER, M. (1999). *Economia e sociedade*. Vol. 2. Brasília, Editora Universidade de Brasília, p. 525.

> um território, a violência física legítima como meio de domínio e que, para esse fim, reuniu todos os meios materiais nas mãos do seu dirigente e expropriou todos os funcionários feudais que anteriormente deles dispunham por direito próprio, substituindo-os pelas suas próprias hierarquias supremas.[39]

Conteúdo ("violência física legítima"), forma ("dentro de um território") e sentido ("meio de domínio"), deste modo, como elementos constitutivos e insubstituíveis de uma unidade denominada *estado*. M. Weber define o estado moderno como uma relação de domínio de homens sobre homens baseada por uma coação (considerada) legítima, o que compreende a ideia de que os homens dominados se submetam à autoridade daqueles que dominam.

São três as características da legitimidade da dominação: (i) a autoridade derivada do passado ("tradicional"), resultante da observância habitual dos costumes; (ii) a autoridade decorrente da devoção e da confiança nas revelações e no heroísmo do indivíduo ("carismática"); e (iii) a autoridade inspirada na crença nos estatutos e nas regras racionalmente construídas ("legalidade"). O poder no estado moderno, por sua vez, concentra-se necessariamente nas mãos da burocracia (militar e civil).

Se adentrarmos o domínio conceitual de outros pensadores, a noção de unidade far-se-á presente em qualquer hipótese, nomeadamente no campo amplo da doutrina contratualista (o *contrato*, tácito ou expresso, como gerador da unidade política). Eis, por exemplo, a visão instrumental de T. Hobbes (2001):

> Uma grande multidão institui a uma pessoa, mediante pactos recíprocos uns com os outros, para em nome de cada um como autora, poder usar a força e os recursos de todos, da maneira que considerar conveniente, para assegurar a paz e a defesa comum.[40]

---

39 WEBER, M. (1979). *O político e o cientista*. Lisboa, Editorial Presença, p. 57.

40 HOBBES, T. (2001). *Leviatã ou matéria, forma e poder de um estado eclesiástico e civil.* São Paulo, Martin Claret, p. 131.

A expressão "uma pessoa" não é acidental: aponta justamente para a unidade inflexível do aparelho estatal. De acordo com o entendimento de T. Hobbes, a unidade política compreende precisamente o elemento garantidor da preservação da vida dos indivíduos; a ausência desta unidade implica, por sua vez, a negação da paz necessária para assegurar o direito natural maior de todos os indivíduos: a conservação de suas próprias vidas.

Entretanto, pondera R. S. D. Magalhães (2010), ser "digno de nota que esse direito deixa de ser natural para se tornar civil quando da instituição do poder soberano. Desse modo, o direito à vida ganha força para ser cumprido porque agora há um poder soberano. De fato, a preservação da vida parece ser o ponto de intersecção entre direito e lei natural no pensamento filosófico de Hobbes".[41]

Especificamente no tocante à questão da unidade nos estados federais, surgem três variações da referida questão: (i) unidade e separação de poderes (Legislativo + Executivo + Judiciário); (ii) unidade e divisão do poder (União + Estados); e (iii) unidade e diversidade (ou *unidade na diversidade*[42]). Como bem observado por N. Matteucci (1991), "o problema da unidade do Estado encontrará em Kant sua mais coerente solução com o conceito da separação dos poderes: na superior unidade do Estado, o rei e o povo (este por meio de assembleias) desempenham funções diversas, mas coordenadas, a executiva e a legislativa."[43] Esta "coerente solução" proposta por Kant é perfeitamente aplicável à divisão entre centro e periferia nas federações, pois a coordenação deve igualmente orientar as relações entre União e Estados. Resta, por conseguinte, enfrentar a terceira variação (esta sendo objeto de atenção específica no tópico corrente): o *princípio da unidade* (levando-se em consideração, neste caso, a equação unidade + diversidade), precisamente um dos princípios do federalismo examinados no campo do presente estudo.

---

41 MAGALHÃES, R. S. D. (2010). O direito à vida nos elementos da lei natural e política de Hobbes. *Cadernos Espinosanos*. 23, p. 178

42 SALDANHA, A. C. (2009). Estado federal e descentralização: uma visão crítica do federalismo brasileiro. *Revista Seqüência*. 59, p. 340.

43 BOBBIO, N., MATTEUCCI, N., & PASQUINO, G. (1991). *Op. cit.*, p. 280.

A unidade dos estados, federais ou não, jamais estará imune àquelas contradições que, em última instância, dão conteúdo efetivo às experiências concretas de governança. No âmbito dos estados capitalistas, federais ou não, há uma unidade contraditória entre capital e trabalho. Esta contradição, por definição permanente, não é necessariamente insuperável; porém, a contradição existe e produz os seus efeitos singulares. No domínio dos estados comunistas, federais ou não, existe uma unidade contraditória entre partido e sociedade. Esta contradição, também por definição uma contradição permanente, é necessariamente insuperável; contudo, a contradição é uma realidade e produz, assim como no caso dos estados capitalistas, os seus efeitos únicos.

Em síntese, a unidade do estado não é um fenômeno isento de problemas estruturais e carências institucionais. Estes problemas e estas carências, todavia, não têm robustez suficiente para destruir a unidade do estado. Existem, certamente, exceções. É o caso dos estados falhados[44] (*failed states*), fenômeno dramático que confirma a possibilidade de ruptura da unidade estatal. Neste sentido, destacam J. S. D. Freitas e F. Q. S. Silva (2014) que "a perda do uso legítimo e exclusivo da força" constitui exatamente um dos traços que caracterizam o aludido fenômeno:

> Apesar de não existir um consenso universal para se definirem as fraquezas de um país, é possível identificar determinados fatores que levam ao fenômeno do estado falhado. Nesse sentido, mencionam-se algumas características, a exemplo da fragilidade das instituições estatais, a instabilidade política e econômica, a perda do uso legítimo e exclusivo da força, a incapacidade de controlar seu território nacional e, por fim, a inexistência de uma ordem interna.[45]

---

44 ALMEIDA, J. M. D. (2003). A NATO e a intervenção militar na Bósnia. *Nação e Defesa*. 105 (2), p. 186.

45 FREITAS, J. S. D., & Silva, F. Q. S. (2014). O papel da UNODC no combate ao tráfico de drogas na Guiné-Bissau: interpretações neoinstitucionalistas. *Revista de Estudos Internacionais (REI)*. 5 (2), p. 134.

Se foi Kant o responsável pela "coerente solução" para a ilusória incompatibilidade entre a unidade do estado e os poderes separados, foi G. Hegel (1997) aquele que tratou do tema da unidade estatal de maneira mais frontal, sublinhando o caráter finalístico do estado. Destacou o filósofo alemão que "esta unidade substancial é um fim próprio absoluto":

> O estado, como realidade em ato da vontade substancial, realidade que esta adquire na consciência particular de si universalizada, é o racional em si e para si: esta unidade substancial é um fim próprio absoluto, imóvel, nele a liberdade obtém o seu valor supremo, e assim este último fim possui um direito soberano perante os indivíduos que em serem membros do Estado têm o seu mais elevado dever.[46]

O *princípio da unidade*, como princípio do federalismo, só pode ser compreendido de modo profícuo à luz e em função do *princípio da diversidade*, o qual será alvo de exame próprio já no próximo tópico. Nos termos daquilo que foi asseverado anteriormente, unidade (U) e diversidade (D) são os elementos de uma equação ao mesmo tempo singular e capital para a lógica específica das federações: preservar a unidade do estado federal e proteger um determinado conjunto de diversidades que caracterizam a federação em causa. Tal equação adquire contornos dramáticos, por exemplo, em países federalistas como a Nigéria (violência entre facções[47]) e a Rússia (movimentos separatistas[48]).

No caso das duas nações mencionadas, e de tantas outras federações com problemas análogos, a equação U + D é permanentemente

46 HEGEL, G. W. F. (1997). *Princípios da filosofia do direito*. São Paulo, Martins Fontes, p. 217.

47 AVER, T. T., Nnorom, K. C., & Targba, A. (2013). Political violence and its effects on social development in Nigeria. *International Journal of Humanities and Social Science*. 3 (17), p. 265.

48 BEARY, B. (2008). *Separatist movements: should nations have a right to self-determination? CQ Global Researcher*. 2 (4), p. 89.

colocada em xeque e submetida à ameaça infausta de ruptura, daí que guardar a equação intacta constitui desafio permanente de todos os agentes políticos (federais e federados) responsáveis pela administração de qualquer arranjo federalista. Além do mais, preservar a equação incólume, muitas vezes, acaba por impor, nomeadamente aos entes centrais, a hipótese sempre maléfica do uso - legítimo ou ilegítimo - da força.

Mesmo aquelas federações que não têm o traço da violência entre facções e a presença de movimentos separatistas, tais como Argentina e Brasil na América do Sul, e Alemanha e Áustria na Europa, eventualmente vão experimentar algum tipo de distorção ou desvirtuamento em suas combinações de U e D, o que não significa, obviamente, nenhuma aproximação daquela hipótese lutuosa de fraturamento da federação. Na Argentina, por exemplo, é antiga a reclamação, por parte das províncias, de que há excessiva concentração de poder em Buenos Aires, fenômeno resultante de um processo orientado por "firme e ininterrupto avanço do poder central"[49] sobre o domínio governativo dos entes periféricos, segundo a análise de S. V. L. Quintana (1988). É evidente que um processo deste tipo implica enfraquecimento político permanente das províncias e debilidade contínua das forças representativas das diversidades argentinas. As tensões inerentes ao funcionamento da federação argentina, contudo, apresentam uma escala de enfrentamento infinitamente menor do que as escalas de enfrentamento de Nigéria e Rússia.

A questão da diversidade, no contexto da equação em tela, deve ser interpretada ao amparo das distintas manifestações que caracterizam as sociedades governadas sob o manto protetor do federalismo (p. ex., variações culturais, econômicas e religiosas). No mesmo sentido, tal interpretação não pode divorciar-se, em nenhuma hipótese, da noção de diversidade política. Se, por definição, a unidade do estado é uma unidade de substância política, também por definição será política a diversidade. Em outras palavras, a noção de

[49] QUINTANA, S. V. L. (1988). La garantía del principio federal en la Constitución Argentina. México (D.F.), Universidad Nacional Autónoma de México, p. 408.

diversidade é, acima de tudo, uma noção de natureza política, o mesmo raciocínio sendo aplicável à noção de unidade. Estamos diante, ressalte-se, de elementos que guardam entre si o elo da complementaridade. No modelo clássico da divisão do poder entre centro e periferia, são as unidades federadas as fiéis depositárias da diversidade. Sem diversidade não há federação, porque onde uma só e mesma ideia conforma um modelo federativo, teremos em verdade um estado apenas nominalmente federal, mas substancialmente unitário.

Se substituirmos a *consciência religiosa*, nos termos empregados por Friedrich Daniel Ernst Schleiermacher (1768-1834) em *Dialektik* (1822), por uma *consciência federalista*, tudo para efeito de uma explicação que possa iluminar a racionalidade da equação U + D, é possível afirmar que aquele elo de complementaridade traz, em sua essência, as características basilares de uma relação dialética:

> Uma tal consciência é pressuposto originário da dialética, que deve partir de uma situação de diversidade e de conflito das representações entre si e que deve alcançar a unidade e a coerência das representações. Mas para prosseguir do seu ponto de partida até ao seu ponto final, da multiplicidade à unidade, do conflito à coerência, deve pressupor um saber originário e regras de combinação originárias, que devem ser admitidas como interiores em todos os homens e que a própria dialética deve esclarecer e trazer à luz.[50]

Do fragmento da lavra de Nicola Abbagnano (1901-1990), extraído do terceiro volume de sua *História da filosofia*, há trechos da maior relevância, mas um deles merece singular atenção: a noção segundo a qual a dialética "deve partir de uma situação de diversidade e de conflito das representações entre si e que deve alcançar a unidade e a coerência das representações". A fórmula de F. D. E. Schleiermacher, de acordo com a narrativa de N. Abbagnano, põe

[50] ABBAGNANO, N. (1969). *História da filosofia*. Vol. 3. Lisboa, Editorial Presença, p. 179.

a diversidade como ponto de partida e a unidade como ponto de chegada. A conexão entre esta dinâmica e aquela que fomentou o surgimento do federalismo nos EUA é clara e inequívoca: em solo estado-unidense, havia a diversidade em forma de soberanias isoladas (o ponto de partida); a unidade surge, de tal modo, como derivação (o ponto de chegada) da união constitucionalmente consagrada entre aquelas soberanias singulares.

Se a fórmula proposta por Schleiermacher for submetida à interpretação restritiva, não há que se falar numa dialética surgida da unidade em direção à diversidade (exatamente o caso brasileiro havido em 1889: do império unitário à república federativa). Se, de modo contrário, reconhecermos como válida uma interpretação extensiva da equação de Schleiermacher, com dinâmica invertida (a unidade como geradora da diversidade), pode-se contemplar, em tal caso, a inversão como movimento dialético válido. A questão aqui colocada – a dinâmica própria da dialética – não diz respeito, obviamente, à questão mecânica de movimentos contraditórios. Trata-se, acima de tudo, de matéria de crença: (i) ou se acredita na fórmula de Schleiermacher; (ii) ou se acredita na fórmula invertida; (iii) ou se acredita que uma e outra são logicamente válidas.

O nascimento da federação no Brasil caracteriza-se, como afirmado anteriormente, por uma experiência que sai da unidade (império) e impõe, por força de ato unilateral (decreto), a diversidade (províncias transformadas automaticamente em unidades federadas). Não houve, portanto, nenhum pacto originário. Esta dinâmica, com sua trama peculiar, é compatível com a noção dialética de Schleiermacher? Claro que não. Ao mesmo tempo, não é possível negar o advento, naquele novembro de 1889, de uma experiência que, ao fim, acabou por produzir uma realidade binária, mesmo que artificial e não necessariamente dialética.

1.3.2 Princípio da diversidade

O *princípio da diversidade* só tem significado, à luz do federalismo, se estudado sob o prisma da unidade. Inicialmente, cumpre frisar que a relação de complementaridade entre unidade e diversidade, nos termos examinados no tópico anterior, compreende informação crucial para a coerência almejada por toda e qualquer solução federalista. Mesmo tendo dado modelo de federação surgido por força de movimentos centrípetos ou centrífugos, ou por força de pactos ou golpes, a questão da diversidade far-se-á presente em qualquer hipótese. O que realmente constitui diferença qualitativa entre esta ou aquela experiência é o grau de proteção às diversidades que dão conteúdo (político, cultural, econômico, religioso, linguístico, geográfico, histórico) ao ajuste regulado nos termos das cartas constitucionais. Se as diversidades são neutralizadas como ocorre até hoje em diversas federações, a equação U + D não passa de fórmula nominal. Se o poder central de um país como a Nigéria é incapaz de aniquilar as facções terroristas que contaminam a federação, a equação U + D não passa de quimera teórica.

A diversidade, numa federação, é tema que supera em larga medida a letra fria e racional da norma constitucional; ultrapassa, além disso, a questão específica da autonomia das unidades federadas. A questão da diversidade nas federações é também matéria de crença: ou se acredita ou não se acredita na diversidade. Não há, neste caso, terceira hipótese. Em última instância, trata-se de matéria relacionada diretamente à cultura política. Por isso mesmo, não é crível imaginar uma república federativa autêntica sem federalistas convictos. Uma orquestra sinfônica integrada por indivíduos que não apreciam música pode ser qualquer coisa, menos orquestra sinfônica. Uma federação sem federalistas não é federação. O problema não é somente mecânico: é orgânico. Em outras palavras, mesmo o mais perfeito texto constitucional, orientador da melhor mecanicidade federal possível, mostrar-se-á incapaz de garantir e fomentar aquela organicidade que confere ao mesmo tempo legitimidade e proteção para as numerosas policromias da diversidade.

Sabedores da dificuldade radical inerente à relação entre unidade e diversidade, bem como das variáveis extremas que, eventualmente, conferem à relação em causa sua substância, M. M. Feeley e E. Rubin (2008) fazem um retrato deveras pessimista da condição humana e das próprias limitações inerentes à solução federalista. Sublinham esses autores que há mesmo conflitos irreconciliáveis. Neste sentido, para enfrentar cenários caracterizados por disputas desse tipo, faz-se necessário o emprego de remédio amargo:

> O federalismo (...) pertence àquele mundo onde não há soluções ótimas, onde os conflitos são irreconciliáveis, onde as condições políticas tendem mais a piorar que melhorar. É um expediente amargo adotado em circunstâncias amargas, um reconhecimento que escolhas precisam ser feitas no contexto de alternativas indesejáveis.[51]

A noção de conflitos irreconciliáveis pode ser verdadeira nalguns casos, mas não necessariamente verdadeira sempre. Conflitos vinculados à questão da diversidade em países como Argentina e Brasil não guardam nenhuma relação (ou no máximo conexão mínima) com os conflitos ligados ao tema da diversidade em nações como Nigéria e Rússia. Haverá, invariavelmente, em qualquer federação, um acervo de diversidades, geradoras ou não de controvérsias; os elementos variáveis, por sua vez, referem-se ao tamanho do estoque e à intensidade das discórdias.

Mesmo um exame ligeiro da questão da diversidade no Brasil exige uma leitura minimamente rigorosa do processo de formação da sociedade brasileira, o que implica não ser plausível ignorar a lição sempre profícua de G. Freyre (1980): "a colonização do Brasil se processou aristocraticamente".[52] E continua o sociólogo do Recife sobre o processo em causa: "aristocrático, patriarcal, escravocrata".[53] Uma sociedade que tenha experimentado (por intermédio do processo de colonização) os impulsos derivados da aristocracia, do patriarcalismo e da escravatura é seguramente uma sociedade caracterizada por singularidades que exercerão, por muito tempo, impactos múltiplos

---

[51] FEELEY, M. M., & RUBIN, E. (2008). *Federalism: Political Identity and Tragic Compromise.* Ann Arbor, University of Michigan Press, p. 39: "Federalism (...) belongs to a world where there are no optimal solutions, where conflicts are irreconcilable, where political conditions are more likely to get worse than better. It is a grim expedient that is adopted in grim circumstances, an acknowledgment that choices must be made among undesirable alternatives".

[52] FREYRE, G. (1980). *Casa-grande & senzala: formação da família brasileira sob o regime de economia patriarcal.* Rio de Janeiro, Livraria José Olympio Editora/INL-MEC, p. 190.

[53] FREYRE, G. (1980). *Op. cit.*, p. 190.

e severos sobre o tamanho daquele estoque e influência sobre a intensidade daquelas discórdias.

O tema da diversidade na federação brasileira, portanto, não pode ignorar os aspectos históricos que orientaram a edificação do país, especialmente considerando-se a origem unilateral da república federativa: brotou na forma de sobressalto pela via oblíqua de um golpe, e não pela via consistente de um pacto. Esta origem, em si mesma, foi, e ainda é, fator que norteia, mesmo que parcialmente, a lógica própria e a dinâmica particular do federalismo no Brasil.

Se dividirmos o princípio da diversidade em dois grandes subprincípios, doravante denominados *diversidades dadas* (D_s) e *diversidades construídas* (D_c), o primeiro abarcando, v. g., as diversidades geográficas, e o segundo englobando, e. g., as diversidades culturais (sem prejuízo da noção específica de *heranças culturais*[54]), impossível considerar o segundo (D_c) imune àqueles impulsos aristocráticos, patriarcais e escravocratas. Daí que, mesmo no Brasil federalista, e mesmo se considerada somente a federação reiniciada em 1988, não é plausível falar-se numa sociedade livre de controvérsias severas diretamente associadas àquelas diversidades de que trata a categoria D_c. Diferentemente da impermeabilidade de D_s, D_c é por definição terreno permeável, solo fértil para fazer brotar as mais diferentes expressões da diversidade.

Por um lado, deve-se enfatizar que o Brasil está longe de ser uma federação que tenha superado *in totum* os efeitos perniciosos da aristocracia, do patriarcalismo e da escravatura. Talvez nunca o faça. Por outro lado, isso não significa *igualar* distintos calibres de diversidade de nações detentoras de processos de formação completamente dessemelhantes. G. Freyre (2009), agora em sua *Sociologia*, confirma o entendimento de que fatos sociológicos e fatos históricos não se confundem, "pois a História não se repete: em sua pureza, o fato histórico é singular. O fato sociológico, ao contrário, é aquele que se repete ou aquele em que se encontra a tendência a repetir-se".[55]

---

54 TOYNBEE, A. J. (1986). *Um estudo da história*. Brasília, Universidade de Brasília; São Paulo, Martins Fontes, p. 48.

55 FREYRE, G. (2009). *Sociologia: introdução ao estudo dos seus princípios*. Rio de Janeiro, Livraria José Olympio Editora, p. 185.

Sendo a singularidade traço essencial do fato histórico, não há como afastar o caráter singular da diversidade nas federações, na medida em que o domínio das diversidades é, em última instância, produto (mesmo que parcial) de contingências e circunstâncias históricas muito específicas.

Os fatos sociológicos, no entanto, conservam conexão com a *dinâmica da repetição* (mesmo que apenas tendencialmente): daí ser possível delinear determinados paralelos entre *todas* as federações no tocante à questão da diversidade. Assim, por exemplo: a capacidade – maior ou menor – de mobilização e organização das minorias, no domínio dos regimes democráticos, constitui fator sociológico (o denominado *poder de pressão*) ao mesmo tempo válido e apto para influenciar – em maiores ou menores graus – os processos decisórios de agentes públicos centrais e periféricos no tocante à concepção, elaboração e execução de políticas públicas associadas à proteção das próprias minorias.[56]

O tópico relacionado às minorias pode ser encontrado, por exemplo, no *First Inaugural Address*, de Thomas Jefferson. Naquele discurso proferido em Washington (D. C.), em 1801, o político nascido em Shadwell (Virgínia) faria alusão frontal aos direitos da minoria e à necessidade de proteção legal desses direitos. Anos antes, Publius trataria da questão das minorias em seus textos: os *Federalist Papers nos* 10, 22, 39, 43, 51 59, 76, 83 e 85 são aqueles que fazem referência expressa ao tema. Em síntese, uma matéria que preocupava imensamente parte da elite política norte-americana naquele final de século XIX e naquele início de história republicana. O elevado número de textos cuidando do tema em causa é um sinal evidente de que o problema vinculado à posição política das minorias no arranjo federalista não constitui assunto secundário para Publius e para aqueles que contribuíram na origem, de forma direta ou indireta, para a formulação dos postulados teóricos fundamentais do federalismo.

---

[56] LOPES, A. M. D. A. (2008). Proteção constitucional dos direitos fundamentais culturais das minorias sob a perspectiva do multiculturalismo. *Revista de Informação Legislativa*. 45 (177), p. 27.

De todas as passagens em *O Federalista* sobre o supramencionado tópico, há uma que merece particular apreciação (*Federalist Paper nº 51*), pois aborda ao mesmo tempo os "direitos da minoria" e os "métodos" associados à proteção de tais direitos (uma formulação, por conseguinte, cobrindo simultaneamente *conteúdo* e *forma*):

> Numa república é de grande importância não só defender a sociedade contra a opressão dos seus governantes, mas defender cada parte da sociedade contra a injustiça da outra parte. Existem necessariamente diferentes interesses em diferentes classes de cidadãos. Se uma maioria estiver unida por um interesse comum, os direitos da minoria ficarão pouco seguros. Há apenas dois métodos de providenciar contra este mal: um, criando na comunidade uma vontade que seja independente da maioria, isto é, da própria sociedade; o outro, abrangendo na sociedade tantos tipos distintos de cidadãos que se torne muito improvável, ou mesmo impraticável, um conluio injusto de uma maioria do todo. O primeiro método prevalece em todos os governos que possuem um poder hereditário ou autocrático. Esta é, no máximo, apenas uma segurança precária; porque um poder independente da sociedade pode abraçar igualmente os pontos de vista injustos do partido maioritário, ou os justos interesses do minoritário, e pode talvez ser virado contra ambos os partidos. O segundo método será exemplificado pela república federal dos Estados Unidos. Embora toda a sua autoridade deva ser derivada e depender da sociedade, a própria sociedade estará fragmentada em tantas partes, interesses e classes de cidadãos, que os direitos dos indivíduos, ou da minoria, correrão pouco perigo de quaisquer conluios de interesses da maioria.[57]

À guisa de explicação preliminar, cumpre ressaltar que Madison, especificamente, classificava *maioria* e *minoria* como espécies do *gênero* facção. Não é outra a lição de Publius no *Federalist Paper nº 10*:

[57] HAMILTON, A., MADISON, J., & JAY, J. (2011). *Op. cit.*, p. 471.

> Por facção entendo um determinado número de cidadãos, quer constituam uma maioria ou uma minoria face ao todo, que são unidos e animados por algum impulso comum de paixão, ou de interesse, adverso aos direitos dos outros cidadãos, ou aos interesses permanentes e globais da comunidade.[58]

A *teoria das facções* de Madison compreende, em última instância, sua crença no pluralismo. Em sentido mais amplo, as facções são na verdade expressões coletivas da diversidade. Aliás, o tema alusivo à diversidade mereceu referência expressa nos seguintes *Federalist Papers*: 7, 10, 11, 49, 56, 59, 60, 61, 70, 73 e 83. Não são *minoria* e *diversidade*, obviamente, vocábulos sinônimos. A diversidade é categoria mais alargada, sendo minoria e maioria, face à explicação de Madison no *Federalist Paper nº 10*, possibilidades quantitativas das facções. A questão abriga, além do mais, seus traços qualitativos: exemplo disso é a observação, ainda no âmbito do *décimo texto*, sobre a conjectura de "impulso comum" (de paixão ou de interesse) *adverso* "aos direitos dos outros cidadãos, ou aos interesses permanentes e globais da comunidade".

O adjetivo em tela - adverso - sinaliza o *antagonismo* que há (i) entre facções (maioria vs. minoria ou minoria vs. maioria) ou (ii) entre facções (maioria ou minoria) e comunidade (em sua configuração mais ampla e não como variação de qualquer facção). Este antagonismo é o elemento que confere um dos aspectos qualitativos às relações resultantes daquele impulso. O outro traço qualitativo evidenciado por Publius é o somatório de união (elemento *objetivo*) e ânimo (elemento *subjetivo*), concerto que estabelece a conexão havida entre os indivíduos que integrarão as facções, sejam estas majoritárias, sejam estas minoritárias.

Ademais, note-se que em nenhum momento Publius fala sobre a (ou cogita a hipótese da) existência de uma *vontade geral* no vasto espaço que circunda o aludido impulso. Mesmo a frase "interesses permanentes e globais da comunidade" ("permanent and aggregate

---

58 HAMILTON, A., MADISON, J., & JAY, J. (2011). *Op. cit.*, p. 119.

interests of the community"[59] em *The Gideon Edition*) não sinaliza uma vontade geral como aquela enxergada por J.-J. Rousseau em seu *Contrato social*.[60] Não nega Publius a existência da comunidade, mas toda a argumentação sobre as facções é orientada pela convicção de que uma tal vontade geral é coisa que integra o universo das impossibilidades. Assim, *interesses globais* no sentido de *interesses agregados* não são o mesmo que interesses comuns. Comum, no máximo, será o impulso de paixão ou o impulso de interesse; em qualquer caso, por se tratar de impulso, não há que se falar numa vontade geral, pois existe um elemento diferenciador que distancia enormemente a lógica do impulso da lógica da vontade: o grau de incerteza derivado de uma e de outra, máximo em matéria de impulso e mínimo em tema de vontade.

Em última instância, há uma extraordinária incompatibilidade, muito mais que meramente conceitual, entre a noção de diversidade e a noção de vontade geral. A primeira é demonstrável empiricamente: basta saber que há uma minoria de budistas vivendo no Brasil face à maioria cristã. A segunda é demonstrável, no máximo, logicamente: não há e nunca houve experiência coletiva humana orientada por uma verdadeira vontade geral. Nem mesmo Mao Zedong, no auge de seus delírios, imaginou ser crível tal experiência no ambiente de sua Revolução Cultural. A diversidade se dá entre manifestações "sobre assuntos de fato", ao passo que a vontade geral "reside na atmosfera estética e emocional".[61]

Assuntos de fato e *atmosfera estética e emocional* são expressões narrativas utilizadas por A. J. Toynbee (1986) em seu espetacular *Um estudo da história* para diferenciar duas categorias: realidade e imagem. Se uma e outra eventualmente se harmonizam, também é certo que uma e outra podem vivenciar o antagonismo de contradições insuperáveis. Resta claro, por tudo isso, que o federalismo, por definição, não comporta em nenhuma hipótese a noção de vontade geral, uma ideia que atenta contra a própria racionalidade

59 CAREY, G. W. (2001). *The federalist* (*The Gideon Edition*), edited with an Introduction, Reader's Guide, Constitutional cross-reference, Index, and Glossary by George W. Carey and James McClellan. Indianapolis, Liberty Fund, p. 43.

60 ROUSSEAU, J.-J. (1996). *O contrato social*. São Paulo, Martins Fontes, p. 37.

61 TOYNBEE, A. J. (1986). *Op. cit.*, p. 393.

do pensamento federalista e contra a própria dinâmica da diversidade, esta entendida como *realidade* inexorável das federações e como *imagem* insubstituível de sociedades integradas, acima de tudo, por indivíduos livres.

1.3.3 Princípio da divisão do poder

Por *divisão do poder*,[62] entenda-se basicamente a divisão de poderes entre a União e os Estados[63] (divisão vertical). Divisão, portanto, que não se confunde com a *separação de poderes* entre Legislativo, Executivo e Judiciário (divisão horizontal). Como já noticiado anteriormente, a divisão do poder que pauta o federalismo brasileiro é orientada, também, por fração de poder conferida constitucionalmente às municipalidades na forma de autonomia federativa (em outras palavras, uma autonomia de máximo grau). Têm esta autonomia, no Brasil, os seguintes poderes: (i) o poder central (União); (ii) os poderes periféricos (Estados e Distrito Federal); e (iii) os poderes locais (Municípios).

Ademais, faz-se necessária, para a correta compreensão da questão da divisão do poder no federalismo, uma explicação de ordem preliminar: em qualquer modelo federalista vigente, independentemente da federação em causa, gozarão os poderes locais de parcela do poder político, o que não implica conferir às municipalidades o *status* singular de entidade federativa por força de mandamento constitucional. Foi exatamente essa a invenção extraordinariamente singular dos redatores vanguardeiros da CF/88. O peso político dos governos locais, para o equilíbrio geral da federação, é ao mesmo tempo necessário e inegável. Neste sentido, Publius faz uma reflexão curiosa em determinada passagem do *Federalist Paper nº 17*, ao notar que "o povo de casa Estado tende para ser mais tolerante com os seus governos locais do que em relação ao governo

---

62 LIJPHART, A. (1989). *As democracias contemporâneas*. Lisboa, Gradiva, p. 225.

63 O "mínimo federativo" na expressão feliz de Orlando Bitar. BITAR, O (1978). *Obras completas*. 3º volume. Conselho Federal de Cultura e Departamento de Assuntos Culturais, p. 45.

da União, a menos que a força desse princípio fosse destruída por uma melhor administração deste último".[64]

A divisão do poder para a teoria federalista e para a práxis federativa não é simplesmente um *problema linear de dois níveis*.[65] Longe disso, o problema é tudo, menos linear: trata-se de uma verticalidade que supera a dinâmica puramente binária de tal separação. Em outras palavras, o exercício da autoridade no âmbito das federações só é possível à luz da "lógica de complementaridade"[66] que, ao mesmo tempo, orienta e regula precisamente as relações políticas que se dão entre o círculo do ente central e os domínios dos poderes periféricos. A divisão do poder, no campo do federalismo, não pode ser interpretada sob o prisma agudo e severo do dualismo e de sua racionalidade excludente. Antagonismos, incompatibilidades e contradições não são (*e não podem ser*) elementos fundacionais do pensamento federalista; em sentido análogo, tais antagonismos, incompatibilidades e contradições não são (*e não devem ser*) características motrizes da divisão do poder.

Mesmo sabendo-se, além disso, que quaisquer modelos federalistas constitucionalmente consolidados integram, por definição, a arena própria do *dever-ser*, não podem poderes centrais e periféricos operar divorciados do conceito de *alteridade* (um conceito que integra o campo do *ser*). Uns existem em relação aos outros e não há federação possível sem um mínimo de cooperação institucional entre uns e outros.[67] Se entidades centrais e periféricas cooperarão, e em que grau, é uma questão verificável tão somente por intermédio da observação sistemática.

---

64 HAMILTON, A., MADISON, J., & JAY, J. (2011). *Op. cit.*, p. 181.

65 SECCHIN, L. D. (2012). Um novo algoritmo para soluções ótimas locais do problema linear de dois níveis. *Revista TEMA (São Carlos) - Tend. Mat. Apl. Comput.* 13 (1), p. 51.

66 ANDRÉ, J. G. (2012). *Op. cit.*, p. 119.

67 Há que se fazer uma distinção: a alteridade implica reconhecimento da existência do *outro*, o que significa perceber a alteridade em termos de *ser*. Outra coisa é o *agir* em relação ao outro, o que constitui ato imediatamente posterior àquele reconhecimento. Neste caso, o agir depende da *voluntas* do agente em causa, daí a *actio* como fenômeno vinculado ao *dever-ser*.

Faz-se necessário comentar, além do mais, que o sucesso e o fracasso dos regimes de cooperação, no palco político das federações, não guardam nenhuma conexão e não se confundem com a alteridade: mesmo num quadro específico de rígida divisão do poder, União e Estados são simultaneamente realidade dada (os imperativos da constituição) e realidade construída (os governos da federação), o que implica dizer que ela e eles haverão de conviver - pois existem entre si - mesmo em cenários modelados pela conjectura absolutamente duvidosa de *cooperação zero*[68] (uma possibilidade teórica associada à improbabilidade empírica[69]).

É importante salientar que a cooperação (como variação da *ação coletiva*) é problemática em si mesma na medida em que os custos das contribuições dos agentes são concentrados enquanto os benefícios são difusos.[70] Esta é uma das inúmeras lições relevantes de M. Olson (1965) em sua magnífica obra *The logic of collective action*. Em federações com elevados níveis de assimetria (é o caso brasileiro), por exemplo, a cooperação tende muitas vezes a não ocorrer de maneira espontânea, pelo qual o ente central adquire papel crucial no sentido de fomentar, por meio de estímulos determinados (e.g.: transferência de tecnologias em matéria ambiental), o *animus* cooperante das entidades subnacionais. O princípio da divisão do poder, além disso, guarda semelhanças, em linhas gerais, com a *divisão do trabalho*:

> Basicamente, esta expressão refere-se à diferenciação de tarefas implícita na produção de bens e serviços e à alocação de indivíduos e de grupos para realizá-las. Uma distinção comumente empregada é aquela entre a divisão técnica e a divisão social do trabalho, a primeira referindo-se a tarefas

68 OSTROM, E. (2014). A polycentric approach for coping with climate change. *Annals of Economics and Finance*. 15 (1), p. 101.

69 OSTROM, E. (2006). Converting threats into opportunities. *PS: Political Science & Politics*. 39(1), p.8.

70 OLSON, M. (1965). *The logic of collective action: public goods and the theory of groups*. Cambridge (MA), Harvard University Press, p. 35.

especializadas no processo de produção, a última, à diferenciação na sociedade como um todo.[71]

Se há uma divisão do trabalho, nada impede que possamos vislumbrar o princípio da divisão do poder no federalismo em termos de uma *divisão federativa do trabalho*, na medida em que entes centrais e entidades periféricas assumem diferentes tarefas (suas singulares competências constitucionais) no quadro geral de todo e qualquer arranjo federativo. Se, por um lado, "a defesa comum dos membros"[72] é tarefa que cabe à União e tão somente à União (ver a lição de Hamilton no *Federalist Paper nº 23*), cabe ao Estado da Califórnia, por outro lado, editar (por meio da exclusão[73]) o seu próprio *Penal Code*, mesmo preceito valendo para o Estado do Texas e para todas as unidades federadas dos EUA. Há, como se vê, trabalho federal e trabalho estadual: assim será em *todas* as federações.

Cumpre ressaltar que esta divisão federativa do trabalho não tem nenhuma relação com a teoria marxista no tocante ao "trabalho como categoria".[74] Longe disso, pois não estamos tratando aqui da *atividade produtiva* no sentido econômico da expressão; contudo, o postulado segundo o qual a divisão do trabalho contribui para aumentar a produtividade não pode ser ignorado em matéria de divisão do poder no federalismo. Se utilizarmos a noção de *produtividade* no sentido de *capacidade* aplicada à produção, é plausível afirmar ser a divisão federativa do trabalho mecanismo de *provisão de bens coletivos*[75] (exatamente, portanto, no sentido atribuído por M. Olson em sua aludida obra), sejam estes materiais ou imateriais, tangíveis ou intangíveis.

Há que se realçar, em sentido oposto, que a divisão do trabalho constitui fenômeno igualmente gerador de efeitos nocivos.

---

71 OUTHWAITE, W., & BOTTOMORE, T. (1996). *Dicionário do pensamento social do século XX*. Rio de Janeiro, Zahar, p. 218.

72 HAMILTON, A., MADISON, J., & JAY, J. *Op. cit.*, p. 227.

73 O texto constitucional dos EUA não proclama quais os poderes específicos dos Estados. A *Décima Emenda* é aquela que protege os poderes residuais dos Estados.

74 OUTHWAITE, W., & BOTTOMORE, T. (1996). *Op. cit.*, p. 219.

75 OLSON, M. (1965). *Op. cit.*, p. 28.

A. Rattansi (1996), em espaço dedicado ao tema da divisão do trabalho no *Dicionário do pensamento social do século XX*, destaca o impacto da especialização sobre as conexões havidas entre sujeitos distintos nos ambientes de trabalho. O autor cita o problema da *subordinação* entre indivíduos como um dos fenômenos diretamente relacionados à aludida especialização, sublinhando, ainda, que "perpetuar relações de dominação social e política"[76] compreende implicação possível da *subdivisão de tarefas*.

A questão, se transportada para o campo particular do federalismo, adquire contornos relevantes na medida em que as federações (aqui entendidas como *ambientes de trabalho político*[77]), teoricamente concebidas e programadas para rejeitar quaisquer subordinações entre departamentos governamentais (todos eles, federais e subnacionais), acabam sucumbindo, por uma série de razões, à lógica e à dinâmica próprias das discordâncias, desconfianças e malquerenças que muitas vezes pautam as relações estabelecidas entre subordinantes e subordinadas. Neste sentido, no âmbito concreto das federações, a divisão do poder pode, também, ostentar uma fisionomia muito peculiar (e nefanda), precisamente aquela resultante dos efeitos nocivos que eventualmente decorrerão da própria dinâmica orientada pela racionalidade do poder dividido entre centro e periferia.

Províncias com pouco poder financeiro, por exemplo, são presas fáceis nas garras da União. Exemplo típico da hipótese em causa é uma província qualquer que se transforma em mero executor, nos limites de seu território, de políticas públicas federais. Neste contexto, o ente regional não participa dos processos decisórios originários havidos nos edifícios federais, apenas executando as mencionadas políticas. A divisão do poder, num cenário deste tipo, acaba por arruinar-se; trata-se de hipótese clara de subordinação da unidade federada (subordinada) à entidade central do sistema (subordinante). Como contrapartida à obediência, a subordinada é remunerada pelas vias formais da legislação vigente.

76 OUTHWAITE, W., & BOTTOMORE, T. (1996). *Op. cit.*, p. 219.

77 FERREIRA, J. (2011). O trabalho político. *O Social em Questão*. 25/26, p. 158

No Brasil, por exemplo, transferências voluntárias da União para os Estados, para o fim específico de implantação de políticas públicas desportivas, apenas para citar um caso comum, dão-se normalmente por meio dos chamados *convênios*, ou instrumentos jurídicos congêneres. Mesmo quando o ônus orçamental correspondente recai, em escala apoucada, sobre o periférico de plantão, a relação de subordinação se mantém, intacta e livre de maiores questionamentos. Daí, mais uma vez, a lacuna colossal entre a autonomia santificada do texto constitucional e a nulidade econômica das comarcas estaduais.

Em última instância, sem prejuízo dos movimentos mecânicos e orgânicos decorrentes da divisão do poder, forças motrizes essenciais para o funcionamento do federalismo como teoria e práxis, a noção de *poder dividido* constitui postulado diretamente vinculado ao tema do *controle do poder*. O princípio da divisão do poder, transformado no curso da história federalista em *princípio constitucional da divisão do poder* ("constitutional principle of division of power"[78]), para empregar em termos precisos a lapidar expressão de H. Evans (2009) em *Constitutionalism, bicameralism, and the control of power*, representa, assim, mecanismo constitucional de proteção às liberdades individuais e coletivas. Neste sentido, durante o tempo em que forem livres os indivíduos, certamente dissentirão eles sobre uma infinidade de matérias. As disputas são, por conseguinte, indissociáveis da vida em sociedade.

Isto posto, o perigo: são justamente os governos autoritários aqueles que enxergam a divisão do poder como meio protegedor daquela liberdade que o próprio autoritarismo compreende como fator causador da divisão social. Daí que os governos autoritários, inclusive no domínio das federações, farão o possível, e até mesmo o inimaginável, para sufocar e suprimir o dissenso por intermédio de engenhos múltiplos, entre os quais a difusão de falsos consensos e a implantação de políticas públicas uniformes. Mesmo as nações que adotaram o federalismo não estarão absolutamente imunes à vocação autoritária dos caudilhos de plantão e dos mandachuvas de ocasião:

---

[78] EVANS, H. (2009). Constitutionalism, bicameralism, and the control of power. *Parliament, Politics and Power: Papers on Parliament* (Department of the Senate, Parliament House, Canberra). 50, p. 127.

> A Human Rights Watch conduziu uma investigação na Venezuela em março de 2014, incluindo Caracas e os estados de Carabobo, Lara e Miranda, e realizou dezenas de entrevistas com vítimas de abusos, suas famílias, testemunhas, profissionais da saúde, jornalistas, advogados e defensores de direitos humanos. Além disso, coletou extensas provas materiais, como fotografias, filmagens, laudos médicos e decisões judiciais e analisou relatórios e declarações oficiais do governo sobre os protestos e as operações das forças de segurança. O governo venezuelano tem caracterizado os protestos que ocorrem em todo o país como violentos e, sem dúvida, alguns manifestantes usaram violência, jogando pedras e coquetéis Molotov contra as forças de segurança. Porém, a investigação da Human Rights Watch demonstra que as forças de segurança venezuelanas fizeram uso indevido e desproporcional da força contra pessoas desarmadas e não violentas repetidamente. Alguns dos piores abusos documentados no relatório foram contra pessoas que sequer participavam das manifestações, ou que já estavam detidas e sob o controle das forças de segurança.[79]

A Venezuela é uma federação nos termos de seu texto constitucional. A *Constitución de la República Bolivariana de Venezuela* tratou de franquear autonomia aos poderes periféricos estaduais e municipais, exatamente como o fez a constituição brasileira. A investigação na Venezuela conduzida pela *Human Rights Watch* em 2014 retrata, ao final, uma federação que nega a si mesma. A federação, no quadro do autoritarismo, adquire gradações e texturas federativas puramente nominais. Basta dissentir para morrer. Opor-se abertamente ao *Partido Socialista Unificado de Venezuela*, fundado em 2008, é tarefa arriscada. A Venezuela é uma federação sem federalismo: nada além de contraexemplo, fiel e acabado, de todos os princípios que definem, orientam e consubstanciam o federalismo como postulado teórico e que *deveriam* definir, orientar e consubstanciar toda e qualquer experiência federativa.

---

[79] *Human Rights Watch*. Venezuela: manifestantes desarmados são espancados e baleados. Matéria datada de 05.05.14 (fonte: http://goo.gl/b2AACV).

Longe, mais uma vez, de ser matéria apenas normativa, o federalismo é assunto que faz parte do universo político, o que implica tratar-se de fenômeno que integra o anfiteatro aberto das vivências históricas. Por conseguinte, mencionar a Venezuela como exemplo deletério da práxis federalista tem o sentido urgente do alerta. Outras federações da América Latina já viveram experiências similares e ainda viverão, fatalmente, sob a canga pesada e espessa da opressão, do suplício, da violência. O autoritarismo, não há dúvida, é matéria de convicção; mas é igualmente herdeiro sagaz das oportunidades. A divisão do poder, por tudo isso, não basta por si só e não serve como garantidor inabalável e completo das liberdades humanas. Há que se fazer mais, e sempre.

1.3.4 Princípio da descentralização

Preliminarmente, uma explicação que supera a questão da terminologia: *descentralização* ou *não centralização*? Veremos que a dúvida tem relevo na medida em que trata da própria dinâmica de separação do poder no quadro do federalismo. Para efeito do presente tópico (e para o texto em geral), trataremos de utilizar o vocábulo *descentralização*, levando-se em consideração, e tendo-se por referência, uma circunstância histórica específica de uma dada federação: surgiu o federalismo em terras brasileiras para *descentralizar* o poder, até então centralizado no império. Preeminente, neste sentido, o alerta de D. Elazar (1987) em *Exploring federalism*. De acordo com a doutrina do autor, *descentralização* e *não centralização* não constituem sinônimos:

> Não centralização não é o mesmo que descentralização, embora o segundo termo seja frequente e erroneamente utilizado em seu lugar para delinear os sistemas federais. A descentralização implica a existência de uma autoridade central, um governo central que pode descentralizar ou centralizar novamente de acordo com os seus desejos. Em sistemas descentralizados, a difusão do poder é, na verdade, questão de boa vontade, e não de direito; no longo prazo, esta questão é normalmente tratada de tal maneira. Num sistema político não centralizado, o poder é tão difuso que não pode ser legitimamente centralizado ou concentrado sem quebrar

> a estrutura e o espírito da constituição. Os sistemas federais clássicos – Estados Unidos, Suíça e Canadá – têm tais sistemas não centralizados. Cada um deles tem um governo geral, ou nacional, que exerce suas funções poderosamente em várias áreas e com vários propósitos, mas não um governo central controlando todas as linhas da comunicação política e dos processos decisórios. Em cada um deles, os estados, cantões ou províncias não são criaturas do governo federal, porém similarmente a este último têm sua autoridade diretamente derivada do povo. Estruturalmente, estes sistemas são substancialmente imunes à interferência federal. Funcionalmente, compartilham estes sistemas muitas atividades com o governo federal, mas sem perder seu papel de produzir políticas e seu poder de tomar decisões.[80]

O alerta de D. Elazar sobre as diferenças entre um termo e outro foi também objeto de consideração por parte de A. Lijphart (1989) em *As democracias contemporâneas*: "Um dos mais eminentes peritos do federalismo, Daniel J. Elazar, tem discordado do termo "descentralização" porque ele implica a existência de um governo

---

[80] ELAZAR, D. (1987). *Op. cit.*, p. 34-35: "Noncentralization is not the same as decentralization, though the latter term is frequently – and erroneously – used in its place to describe federal systems. Decentralization implies the existence of a central authority, a central government that can decentralize or recentralize as it desires. In decentralized systems, the diffusion of power is actually a matter of grace, not right; in the long run, it is usually treated as such. In a noncentralized political system, power is so diffused that it cannot be legitimately centralized or concentrated without breaking the structure and spirit of the constitution. The classic federal systems – The United States, Switzerland, and Canada – have such noncentralized systems. Each has a general, or national, government that functions powerfully in many areas for many purposes, but not a central government controlling all the lines of political communication and decision making. In each, the states, cantons, or provinces are not creatures of the federal government but, like the latter, derive their authority directly from the people. Structurally, they are substantially immune to federal interference. Functionally, they share many activities with the federal government but without forfeiting their policy-making roles and decision-making powers".

central que tem o poder de descentralizar".[81] Argumenta D. Elazar (ainda citado por A. Lijphart) que o poder de descentralizar, por parte do governo central, implica dizer que este mesmo governo central tem uma faculdade de agir (*facultas agendi*) no sentido não apenas de descentralizar, mas também no de recentralizar. Este argumento está embutido na própria reflexão do autor de que trata aquele fragmento de *Exploring federalism*. A. Lijphart, de forma elegante, não discorda frontalmente do raciocínio de D. Elazar, mas percebe "o termo alternativo sugerido por Elazar" como algo problemático:

> O problema que o termo alternativo sugerido por Elazar põe é que é virtualmente sinônimo do princípio primordial do federalismo – uma divisão garantida do poder em central e regional, o que logicamente implica que o poder das unidades componentes não lhes pode ser retirado sem o seu consentimento. A não-centralização não exige que a parte inalienável do poder dos governos não centrais seja muito extensa. Portanto, precisamos de um termo para descrever a real divisão do poder, e o grau de centralização ou descentralização serve a este objetivo enquanto tivermos o cuidado de evitar a implicação de um sistema unitário em que o governo central seja potencialmente todo poderoso. Por outras palavras, podem existir federações centralizadas e descentralizadas e, do mesmo modo, Estados unitários centralizados e descentralizados. Na prática, como veremos, o federalismo e descentralização tendem a andar associados".[82]

Em linhas gerais, os argumentos de um e de outro não são colidentes no mérito, pois ao final buscam ambos explicar a racionalidade da federação no tocante à divisão (binária) do poder que lhe é conata. O argumento de D. Elazar faz sentido e a questão não parece ser puramente terminológica, mas motriz. Para ele, descentralizar pressupõe um centro, e sobre isso estamos todos de acordo. O que ele enfatiza, e com razão, é que o termo *descentralização* e seu verbo correlato

[81] LIJPHART, A. *Op. cit.*, p. 230.

[82] LIJPHART, A. *Op. cit.*, p. 231.

descentralizar não se coadunam com a noção de poder difuso, daí o entendimento do autor em termos de uma compreensão policêntrica de federalismo. Esta noção retrata um cenário que, por força de sua composição, não comportaria a existência de um ponto central. Ao tratar dos sistemas federais clássicos, D. Elazar faz referência à existência de governos gerais e nacionais, categorias que não devem ser confundidas com qualquer tipo de "governo central controlando todas as linhas da comunicação política e dos processos decisórios".[83]

Ocorre que, do ponto de vista empírico, há federações cujos governos centrais não têm a pretensão de exercer tal controle. Mesmo na hipótese de ser crível essa pretensão, a constituição correspondente haveria de autorizar ou mesmo proibir a pretensão em causa. Neste sentido, se observarmos o histórico evolutivo de uma federação como a brasileira (longe de ser um sistema federal clássico), verificar-se-á que sempre houve um governo central (eleito ou posto), desprovido, no entanto, daquela aspiração de controlar "all the lines" nos termos vislumbrados por D. Elazar. Mesmo nos regimes autoritários que vigoraram no Brasil, em momentos díspares, entre 1889 e 1985, nunca houve governo central com tal pretensão face à rigorosa impossibilidade de um controle com tamanha magnitude. Existe, por certo, uma diferença mecânica entre uma não centralização de poder e uma descentralização de poder, mas esta distinção só faz algum sentido se a contextualização da explicação sobre o fenômeno federalista guardar um elevado grau de especificidade, o que certamente é o caso da narrativa elucidativa verbalizada tão coerentemente por D. Elazar em seu magistral *Exploring federalism*.

O argumento de A. Lijphart, na forma de objeção, também faz sentido. O autor afirma que "o termo alternativo sugerido por Elazar" (*não centralização*) "é virtualmente sinônimo" do princípio da *divisão do poder* ("princípio primordial do federalismo") e que esse atrelamento de significados constitui, em si mesmo, um problema. A. Lijphart não está errado e seu raciocínio sugere que a não centralização, nos moldes compreendidos por D. Elazar, acaba por se confundir com o princípio da divisão do poder. Há, por parte de A. Lijphart, como resta evidente, uma preocupação também

83 ELAZAR, D. (1987). *Op. cit.*, p. 34-35.

terminológica. Nos dois casos, e considerados os conteúdos dos argumentos, a questão da preocupação quanto à terminologia faz-se presente, mas não deve ser essa questão confundida com a avaliação propriamente dita dos fenômenos em causa. Em outras palavras, os raciocínios de um e de outro abarcam, ao mesmo tempo, clareza e objetividade, traços que conferem aos pensamentos de nossos dois autores rigor e credibilidade. Vale repetir que não há nenhum sinal de antagonismo de mérito quando confrontadas as análises de D. Elazar e A. Lijphart. Em última instância, por mais acentuado que possa ser o debate terminológico, este não supera, numa escala de grandezas, o cerne do debate propriamente dito sobre o sentido do federalismo como práxis e teoria. Não estamos diante de uma mera disputa verbal, mas epistemológica.

Já foi dito anteriormente que o presente tópico adotará o termo *descentralização*: o tema será tratado, assim, em termos de *princípio da descentralização*. Importante sublinhar, uma vez mais, a *experiência descentralizadora* brasileira de 1889. Aquela federação, ou aquele modelo federativo, surgiu precisamente como demanda de *descentralização*. Não há que se investigar, portanto, a experiência brasileira de 1889 em termos da não centralização concebida por D. Elazar, justamente porque o caso brasileiro, na origem, dizia respeito evidentemente à *descentralização* do poder antes unitário em configuração imperial. Nascida a federação, num fim de tarde dos novembros quentes da Cidade do Rio de Janeiro, o poder viu-se *descentralizado* com aquele vigor duvidoso de um golpe de estado perpetrado pelas elites de plantão.

Estudos de diversos autores brasileiros sobre o tema do federalismo no Brasil, do ato inaugural de 1889 aos dias de hoje, tratam da questão da divisão do poder em termos dicotômicos: *centralização* vs. *descentralização*. É esta justamente a lição de A. C. E. B. C. Grossi (2007), para quem "um traço marcante do federalismo brasileiro é a alternância entre períodos de centralização e descentralização".[84]

---

[84] GROSSI, A. C. E. B. C. Relações intergovernamentais e segurança pública: uma análise do fundo nacional de segurança pública. *Revista Brasileira de Segurança Pública*. 1 (1), p. 11.

L. D. D. Lima, R. G. D. Oliveira e A. L. D. Viana (2002), por exemplo, no campo da saúde pública, asseveram que "não se pode assegurar que as políticas de descentralização no setor da saúde desencadeiem um círculo virtuoso, pois se sabe que as partilhas regionais e locais giram em torno de recursos reconhecidamente escassos".[85]

F. Rezende (1995), por seu turno, em matéria de federalismo fiscal, destaca da seguinte maneira a questão da descentralização:

> A Constituição de 1988 inaugurou uma nova etapa do federalismo fiscal brasileiro, que ainda não está, todavia, concluída. Nela, as demandas de estados e municípios por descentralização das receitas públicas foram atendidas, mas as dificuldades encontradas para fazer com que a descentralização das receitas fosse acompanhada de uma concomitante descentralização das responsabilidades públicas, em especial no campo das políticas sociais, provocaram desequilíbrios que ainda precisam ser corrigidos.[86]

No âmbito das investigações sobre o federalismo nos EUA, e nas obras em língua inglesa sobre o tema, o termo *decentralization* é amplamente utilizado nos textos acadêmicos. P. Norris (2008), em um de seus inúmeros e fecundos estudos sobre democracia, refere-se assim à conexão entre descentralização e "governança democrática":

> As vantagens da descentralização devem ser particularmente evidentes em sociedades plurais profundamente divididas. Diferentes formas institucionais de descentralização, nomeadamente constituições federais, têm sido desde muito tempo recomendadas como a espécie preferida de governança

[85] LIMA, L. D. D., OLIVEIRA, R. G. D., & VIANA, A. L. D. (2002). Descentralização e federalismo: a política de saúde em novo contexto – lições do caso brasileiro. *Ciência & Saúde Coletiva*. 7 (3), p. 498.

[86] REZENDE, F. (1995). Federalismo fiscal no Brasil. *Revista de Economia Política*. 15 (3), p. 5.

> democrática desenhada para manter a estabilidade dentro de estados multinacionais.[87]

S. L. Greer (2006), por seu turno, explica da seguinte forma o que ele denomina "recente tendência no estudo do federalismo": "Finalmente uma recente tendência no estudo do federalismo é vinculá-lo mais amplamente à descentralização, à desconcentração ou à devolução de poderes para os governos locais, os quais podem ou não possuir o status constitucional dos estados ou províncias".[88] J. P. Gordin (2010), por sua vez, em extenso estudo sobre as instituições políticas e a descentralização fiscal em Argentina e Espanha, é frontal ao relacionar federalismo e descentralização e asseverar que "(...) a estrutura institucional do federalismo, mesmo diante dos níveis de descentralização mandatórios e constitucionalmente garantidos, pode muitas vezes não possuir efeitos distintivos sobre as finanças públicas subnacionais e sobre as relações fiscais intergovernamentais".[89]

Resta evidenciada, para todos os efeitos, a correta utilização do termo *descentralização* para descrever um de três processos possíveis de movimentação do poder inerentes à dinâmica institucional de qualquer federação, sendo esta classificada como clássica ou não:

---

[87] NORRIS, P. (2008). *Driving democracy: do power-sharing institutions work?* Cap. 7. New York/Cambridge, Cambridge University Press, p. 4: "The advantages of decentralization should be particular evident in deeply-divided plural societies. Different institutional forms of decentralization, notably federal constitutions, have long been recommended as the preferred mode of democratic governance designed to maintain stability within multinational states".

[88] GREER, S. L. (2006). *Territory, democracy and justice: regionalism and federalism in western democracies*. Houndmills, Basingstoke, Hampshire, Palgrave Macmillan, p. 22: "Finally a recent trend in the study of federalism is to link it more broadly to decentralization, deconcentration or devolution of powers to local governments, which may or may not have the constitutional status of the states or provinces".

[89] GORDIN, J. P. (2010). Paradoxes of federalism?: political institutions and fiscal decentralization in Argentina and Spain. *Revista d'Estudis Autonòmics i Federals*. 11, p. 143: "(...) the institutional structure of federalism, despite its mandatory and constitutionally-guaranteed levels of decentralization, may at times have no distinctive effects on subnational public finances and intergovernmental fiscal relations".

(i) desconcentração; (ii) delegação; e (iii) devolução.[90] Os três processos aqui elencados não são excludentes e podem, inclusive, ocorrer simultaneamente, hipótese em que a descentralização alcançaria a sua plenitude conceitual, material e funcional.

Todavia, é exato assinalar que o grau de descentralização (desconcentração, delegação, devolução) oscilará enormemente de federação para federação (imaginemos, por hipótese apenas, o arranjo venezuelano comparado ao modelo alemão). R. M. Bird e F. Vaillancourt (1998) sublinham, ainda, que os três processos devem ser avaliados justamente em função do grau de independência relacionado à capacidade decisória das entidades periféricas, sejam estes regionais, sejam locais.[91]

Há que se destacar, finalmente, que a descentralização apresenta um importante caráter instrumental, funcionando também como meio institucional apropriado para fomentar boa governança federativa, gerar eficiência administrativa no âmago das federações e promover participação mais ativa, ainda que tendencialmente, das unidades subnacionais e dos entes locais.

1.3.5 Princípio da cooperação

Para efeito de enquadramento do tema relacionado ao *princípio da cooperação*, vale lembrar que o federalismo brasileiro, nos moldes fixados pela Carta de 1988, enquadra-se no tipo *federalismo cooperativo*[92] (em oposição ao conceito antagônico de que trata o tipo

---

90 BIRD, R. M., & VAILLANCOURT, F. (1998). *Fiscal decentralization in developing countries*. Cambridge, U.K., Cambridge University Press, p. 3.

91 BIRD, R. M., & VAILLANCOURT, F. *Op. cit.*, p. 3.

92 SALDANHA, A. C. (2009). Estado federal e descentralização: uma visão crítica do federalismo brasileiro. *Revista Seqüência*. 59, p. 340. O federalismo dual foi sepultado no Brasil, de acordo com a autora citada, pela Constituição de 1934, texto que inaugurou no país o federalismo de tipo cooperativo; o mesmo entendimento pode ser encontrado na jurisprudência do STF. Em julgamento recente, o aludido tribunal manifestou-se nos seguintes termos sobre o tema do federalismo cooperativo no Brasil: "Cabe salientar que a mútua cooperação entre organismos policiais, o intercâmbio de informações, o fornecimento

federalismo dual[93]). A cooperação, por seu turno, inclusive no contexto específico dos sistemas federalistas, compreende, invariavelmente, uma *relação de troca*, como bem assinalado por L. V. Campenhoudt e R. Quivy (2013):

> A cooperação é uma relação de troca caracterizada por uma certa duração, mas também pela desigualdade entre as partes. O que os actores trocam entre si são recursos e trunfos que cada um possui e de que os outros precisam para realizarem o seu projecto colectivo ou individual. Como esta troca é durável, é regida por regras formais e informais constrangedoras. Mas esta troca permanece desigual, porque os trunfos, recursos e meios de que cada um dispões são diferentes e desiguais.[94]

Em realidade, o federalismo cooperativo e o federalismo dual são tipos, pelo que "não constituem propriamente categorias, mas pontos de referência graças aos quais podemos captar e comparar as situações intermédias, mais matizadas".[95] Essa consideração sobre as nuances possíveis dos citados tipos é relevante na medida em que não há experiência histórica rigorosamente cooperativa ou exclusivamente dual em termos de vivências federalistas. A própria

---

recíproco de dados investigatórios e a assistência técnica entre a Polícia Federal e as Polícias Estaduais, com o propósito comum de viabilizar a mais completa apuração de fatos delituosos gravíssimos, notadamente naqueles casos em que se alega o envolvimento de policiais militares na formação de grupos de extermínio, encontram fundamento, segundo penso, no próprio modelo constitucional de federalismo cooperativo, cuja institucionalização surge, em caráter inovador, no plano de nosso ordenamento constitucional positivo, na Constituição Federal de 1934, que se afastou da fórmula do federalismo dualista inaugurada pela Constituição republicana de 1891, que impunha, por efeito da outorga de competências estanques, rígida separação entre as atribuições federais e estaduais" (RHC 116000 AgR/GO - Goiás; Relator: Min. Celso de Mello; 25.03.2014).

93 WEISER, P. J. (2001). Federal common law, cooperative federalism, and the enforcement of the telecom act. *New York University Law Review.* 76, p. 1697.

94 QUIVY, R., & CAMPENHOUDT, L. V. (2013). *Manual de investigação em ciências sociais*. Lisboa, Gradiva, p. 126.

95 QUIVY, R., & CAMPENHOUDT, L. V. (2013). 118.

dicotomia em causa é questionável face às inúmeras variantes que poderão ocorrer, não importa a proximidade havida entre um ou outro tipo. F. F. Segado (2003), por exemplo, vale-se de uma tipologia tripla: (i) dual; (ii) cooperativo; e (iii) centralizado.[96]

A lógica da cooperação entre unidades que integram qualquer modelo dado de arranjo federalista deve ser entendida em termos de capacidade. Deste modo, a *capacidade de cooperação* poderá contemplar três níveis: (i) fraca; (ii) média; ou (iii) forte.[97] Estamos, é certo, diante de níveis qualitativos de cooperação, na medida em que a própria noção de capacidade está atrelada à ideia de qualidade. Além disso, independentemente do nível específico de cooperação alcançado em determinada federação, faz-se necessário sublinhar que, mesmo no âmbito daqueles arranjos federalistas que, tecnicamente considerados, não fazem parte da tipologia denominada *federalismo cooperativo*, é virtualmente impossível verificar-se a incidência de uma federação (qualquer que seja o tipo sob exame) que não tenha experimentado, em dado momento, alguma espécie de cooperação entre as unidades que lhe dão substância. A própria circunstância geográfica exige um mínimo de cooperação, por exemplo, entre unidades federadas detentoras de bases territoriais adjacentes. No caso concreto da federação brasileira, não há espaço para muitas controvérsias no tocante à tipologia, na medida em que a própria Carta Magna de 1988 cuidou de consagrar expressamente o *princípio da cooperação*. Eis a preleção de R. B. M. D. Araújo, J. M. A. Costa e M. C. Cunha (2010):

> A Constituição Federal de 1988 reconhece o Brasil como uma República Federativa formada pela união indissolúvel dos estados, municípios e do Distrito Federal. E, ao se estruturar assim, fá-lo sob o princípio da cooperação, de acordo com os artigos 1º, 18, 23 e 60. Para dar conta desse modelo federado e cooperativo, a Constituição de 1988 instituiu um ordenamento

96 SEGADO, F. F. (2003). *El federalismo en América Latina*. México, D.F., Universidad Nacional Autónoma de México, p. 13.

97 QUIVY, R., & CAMPENHOUDT, L. V. (2013). 128.

> jurídico complexo de repartição de competências e atribuições, dentro de limites expressos, reconhecendo a dignidade e a autonomia, na qual coexistem competências privativas e competências concorrentes entre os entes federados.[98]

No tocante à questão da classificação, proeminente a lição de J. T. Tejada (2010). Há, de acordo com o autor, basicamente duas fórmulas de cooperação no campo dos modelos federalistas: (i) cooperação vertical; e (ii) cooperação horizontal. Quanto ao primeiro, afirma o citado autor:

> (...) com esta fórmula, referimo-nos ao sistema de relações que se podem produzir entre o estado federal, por um lado, e os estados-membros, por outro. Este sistema pode estar institucionalizado, constitucionalizado inclusive, ou mesmo carecer de apoios jurídicos formais e basear-se na mera práxis política.[99]

No que diz respeito à cooperação horizontal, J. T. Tejada destaca o tema da ingerência do poder federal no âmago do sistema:

> (...) esta fórmula refere-se ao sistema de relações que se produzem entre os estados-membros. Em relação a esta fórmula, reside a questão fundamental sobre a possibilidade de o poder federal intervir ou não no sistema e, em caso afirmativo, qual deve ser o grau de sua intervenção. Por regra geral, normalmente aceita-se que o governo federal assuma um papel

[98] ARAÚJO, R. B. M. D., COSTA, J. M. A., & CUNHA, M. C. (2010). Federalismo cooperativo brasileiro: implicações na gestão da educação municipal. *Jornal de Políticas Educacionais*. 8, p. 18.

[99] TEJADA, J. T. (2010). Los convenios de cooperación entre comunidades autónomas: marco normativo y propuestas de reforma. *Revista d'Estudis Autonòmics y Federals*. 11, p. 210: "Con esta fórmula nos referimos al sistema de relaciones que se pueden producir entre el estado federal, por un lado, y los estados miembros, por otro. Este sistema puede estar institucionalizado, constitucionalizado incluso, o bien carecer de apoyos jurídicos formales y basarse en la mera praxis política".

> garantidor deste tipo de relações. Também aqui podemos distinguir entre relações informais e institucionalizadas.[100]

Há algumas informações contidas nesses dois fragmentos que merecem particular atenção. Em primeiro lugar, o reconhecimento de que há relações de cooperação – verticais e horizontais – de natureza informal dentro dos sistemas federalistas. Esse dado é relevante, na medida em que confirma o funcionamento concreto das federações não apenas nos moldes ditados pelas constituições e pelos ordenamentos jurídicos das nações federativas. Em outras palavras, as relações de cooperação no âmago das federações superam a questão normativa. Como bem assinalado por W. Jaeger (1973), "a estrutura de toda a sociedade assenta nas leis e normas escritas e não escritas que as unem e unem os seus membros".[101]

Asseveram R. Bocanegra e A. Huergo (2005), neste sentido, que o federalismo cooperativo "(...) é um fenómeno da prática, fático, que se sobrepõe à realidade normativa".[102] Além disso, elementos exteriores ou estranhos ao domínio das normas – fés religiosas, signos culturais, orientações ideológicas, convicções morais, referências partidárias e até mesmo motivações puramente pessoais – constituem fatores que poderão nortear, em determinado momento, os processos decisórios vinculados às respectivas relações de cooperação.

A possibilidade inversa também é factível quando as mesmas razões – religiosas, culturais, ideológicas, partidárias, pessoais – fomentam a vontade de impedir, obstruir e sabotar a cooperação. Quando

---

100 TEJADA, J. T. (2010). *Op. cit.*, p. 210: "La fórmula alude al sistema de relaciones que se producen entre los estados miembros. En relación con él la cuestión fundamental reside en si el poder federal puede o no intervenir en este sistema, y, en caso afirmativo, cuál debe ser el grado de su intervención. Por regla general suele aceptarse que el gobierno federal asuma un papel de garante de este tipo de relaciones. También aquí podemos distinguir entre relaciones informales e institucionalizadas".

101 JAEGER, W. (1973). *Paidéia: a formação do homem grego*. São Paulo, Herder, p. 4.

102 BOCANEGRA, R., & HUERGO, A. (2005). *La conferencia de presidentes*. Madrid, Iustel, p. 136: "(...) es un fenómeno de la práctica, fáctico, que se superpone a una realidad normativa".

Eduardo Paes, prefeito da Cidade do Rio de Janeiro, afirma que o "governo federal não pode agir como agiota"[103] (em tema relativo ao cálculo da dívida municipal), não é crível imaginar, por parte das autoridades centrais, aquela boa vontade que deve nutrir, na origem, relações de cooperação sólidas entre a União e a supramencionada municipalidade.

Em segundo lugar, especificamente no tocante à cooperação horizontal, deve-se enfocar aquela possibilidade apontada pelo autor sobre a intervenção (termo que guarda, no texto de J. T. Tejada, o sentido de *participação*) do governo federal, no bojo das relações horizontais entre os estados-membros, como garantidor das respectivas relações de cooperação. Se tomado determinado arranjo federalista por dual, com sua rigorosa separação vertical de poderes, tal participação do ente central ou não seria possível ou não seria recomendável. A própria lógica do rigor que separa (e, muitas vezes, antagoniza) os poderes do centro e os poderes da periferia não se coaduna com uma participação desta espécie. Se, ao contrário, uma federação do tipo cooperativo revela-se ao mesmo tempo funcional e orgânica, a participação do governo federal, por intermédio de uma atuação coordenadora e como sujeito garantidor das relações de cooperação entre as unidades federadas, acaba por contribuir simultaneamente para a segurança das aludidas relações em particular e para o equilíbrio do sistema federativo em geral.

Por fim, em terceiro lugar, uma observação que diz respeito mais aos sistemas federalistas em sentido amplo do que às fórmulas apresentadas por J. T. Tejada, em sentido estrito: o autor, como tantos e tantos outros, faz referência ao federalismo como método de divisão do poder entre duas e apenas duas esferas (governo federal e governos estaduais). Mais uma vez, por conseguinte, surge a questão do modelo brasileiro e de sua equação tripartite orientada pela compleição insólita do poder local como ente (nominalmente) federado. No contexto mais dilatado deste arranjo colossal e anômalo, a questão da cooperação envolvendo União, Estados e Municípios adquire traços de enorme gravidade, pois diz respeito, em última instância, à qualidade da federação nos seus sítios mais remotos e à qualidade de

[103] *O Globo*, 24.03.15 (fonte: http://goo.gl/5hWz4R).

vida dos munícipes. Sobre o "paradoxo federativo" que tão profundamente marca a federação brasileira, a preleção sempre pertinente de F. L. Abrucio (2010):

> A conquista da posição de ente federativo, na verdade, foi pouco absorvida pela maioria das municipalidades, uma vez que elas têm uma forte dependência em relação aos outros níveis de governo. Existe um paradoxo federativo na situação: quando tais cidades recebem auxílio e não desenvolvem capacidades político-administrativas podem perder parte da autonomia; mas, caso fiquem sem ajuda ou não queiram tê-la, podem se tornar incapazes de realizar a contento as políticas públicas.[104]

A análise de F. L. Abrucio escancara a fragilidade da noção de autonomia municipal. A "forte dependência em relação aos outros níveis de governo" apenas confirma o caráter infecundo desta autonomia (que não passa, como é óbvio, de uma capacidade meramente nominal[105]). A cooperação, por parte da municipalidade, adquire ares de dramaticidade, transforma-se em necessidade imperativa e anula, em grande medida, a própria *voluntas* que deveria orientar a decisão municipal de cooperar institucionalmente com o Estado que lhe abraça geograficamente ou com a União. Em outras palavras, quando se fala em cooperação envolvendo os Municípios brasileiros, fala-se em verdade em *sobrevivência mínima* do poder local, uma contingência completamente divorciada das noções, mesmo que mínimas, de autonomia.

---

104 OLIVEIRA, R. P. D., & SANTANA, W. (2010). *Educação e federalismo no Brasil: combater as desigualdades, garantir a diversidade*. Brasília, Representação no Brasil, UNESCO, p. 47.

105 "Tanto a Constituição federal quanto as constituições estaduais asseguram autonomia aos municípios, regidos por uma Lei Orgânica aprovada por dois terços dos membros da Câmara Municipal. A Lei Orgânica Municipal está para o município assim como a Constituição federal está para o país. O prefeito é o chefe municipal, escolhido entre maiores de 21 anos para exercer um mandato de quatro anos, conquistado por meio de eleições diretas e simultâneas" (texto explicativo do elaborado pelo Senado Federal). Fonte: http://goo.gl/YRmvrA.

A questão da cooperação na federação é tratada por D. F. Manjón (2001) no sentido de *colaboração*: "Por colaboração, entendo aquele fenômeno relacional em que diversas partes se colocam em contato e acordam, de forma mais ou menos explícita, trabalhar conjuntamente com a finalidade de obter determinados objetivos em benefício de cada una delas (...)".[106] Em sentido análogo, J. A. P. Tapias (2013) cuida do tema em termos de *colaboração entre territórios* associada à *cultura federal*. A reflexão do autor é ao mesmo tempo singular e necessária, pois coloca luz sobre a realidade das federações na perspectiva de um aspecto pouco explorado, mas extremamente sério: a existência de uma cultura federalista:

> A colaboração interterritorial é, assim, assunto de capital importância em todo modelo federal. Mas há que se ter em conta que a constitucionalização dos procedimentos e instituições de colaboração que requer a dinâmica de um Estado federal reclama a já comentada *cultura* federal.[107]

O mesmo J. A. P. Tapias vai além ao asseverar que a cultura federal constitui, na verdade, pressuposto metodológico da aludida colaboração: a clarificação das demandas associadas à cooperação exige um fundamento e este é a própria cultura federal das nações que abraçaram a solução federalista.[108] O que resta claro, finalmente,

---

[106] MANJÓN, D. F. (2001). La colaboración como instrumento de construcción de los estados compuestos asimétricos: luces y sombras. *Autonomies*. 27, p. 8: "Por colaboración entiendo aquel fenómeno relacional en el que diversas partes se ponen en contacto y acuerdan, de forma más o menos explícita, trabajar conjuntamente con el objeto de obtener determinados objetivos en beneficio de cada una de ellas (…)".

[107] TAPIAS, J. A. P. (2013). *Invitación al federalismo: España y las razones para un Estado plurinacional.* Madrid, Editorial Trotta, p. 95: "La colaboración interterritorial es, pues, asunto de capital importancia en todo modelo federal. Pero hay que tener en cuenta que la constitucionalización de los procedimientos e instituciones de colaboración que requiere la dinámica de un Estado federal reclama la ya comentada *cultura* federal".

[108] TAPIAS, J. A. P. *Op. cit.*, p. 95.

é que as eficácias ou ineficácias dos arranjos de cooperação federativa superam o tema normativo e adentram o universo singular dos valores culturais. Mais uma vez, portanto, evidencia-se o caráter multidisciplinar dos estudos sobre o federalismo.

1.3.6 Princípio da separação de poderes

A teoria do federalismo, com os conteúdos formulados nos termos dos *Federalist Papers*, foi fruto, como toda obra humana, do *animus* intelectual próprio do esforço civilizatório. De tal modo, não partiram Hamilton, Jay e Madison do nada. Não partiram nossos pensadores de um porto abstrato para depois navegarem nas águas turvas, e sempre inseguras, do embate político. Hamilton, Jay e Madison haveriam de assimilar, por força da convicção, os valores intrínsecos e instrumentais do *princípio da separação de poderes*.

Sobre este tema específico, G. W. Carey e J. McClellan (2001), editores do *The Federalist* (*The Gideon Edition*), trazem à baila uma questão histórica que muito diz sobre o cenário político original dos EUA e que contribui, ainda, para decifrar a magnitude da ousadia intelectual de Hamilton, Jay e Madison:

> Mesmo antes de os estados terem completado a ratificação dos artigos e se juntado à União, havia uma insatisfação crescente com as primeiras constituições na maioria dos estados. Grande parte deste descontentamento pode ser atribuída aos defeitos descobertos nas constituições depois que estas entraram em vigor, situação causada em grande medida pela inexperiência na arte da elaboração constitucional e pela falta geral de familiaridade com novos conceitos constitucionais que ainda não tinham sido testados, especialmente a ideia de separarem-se os poderes do governo entre três ramificações. Muitas destas primeiras tentativas em autogoverno, por exemplo, demandaram uma separação pura de poderes e fracassaram, de uma forma ou de outra, em estabelecer um governo efetivo e limitado, porque careciam de um sistema de

freio e contrapeso e porque permitiam às legislaturas usurpar os poderes das outras ramificações.[109]

A lição é simples: os Estados, antes da ratificação, já tinham suas constituições e estas não ignoravam a separação de poderes. Da preleção de G. W. Carey e J. McClellan, assaz relevante a informação consignada ao final: as legislaturas usurpando os poderes das outras ramificações governamentais (uma resultante direta, não há dúvida, dos "defeitos descobertos nas constituições"). É lógico que uma equação desse tipo, por falta de equilíbrio estrutural, não teria vida longa. E não teve. Faltava ao modelo constitucional dos Estados o sistema dos freios e contrapesos.

A separação de poderes impõe limites internos aos sistemas políticos por meio do fracionamento do poder, conferindo às três ramificações (Legislativo, Executivo e Judiciário) funções distintas, de tal forma que todas elas sejam compelidas a repartir o exercício do poder. Um dos efeitos (esperados) do mecanismo de separação de poderes é permitir a cada um dos três ramos a possibilidade de exercer *influência permanente* sobre a agenda política e a possibilidade de produzir impacto constante sobre o conjunto de processos decisórios inerentes à governança.

O princípio da separação de poderes tem por escopo último impedir que qualquer um dos três poderes transforme-se em campo predominador da energia política, o que não deve ser confundido com a supremacia legislativa do modelo constitucional norte-americano,

---

[109] CAREY, G. W. (2001). *Op. cit.*, p. xxvi: "Even before the States completed ratification of the Articles and joined the Union, there was growing dissatisfaction with the first constitutions in most States. Much of this discontent may be attributed to defects discovered in the constitutions after they went into effect, caused mostly by inexperience in the art of constitution making and a general lack of familiarity with new constitutional concepts that had not yet been tested, especially the idea of separating the powers of government among three branches. Many of these early attempts at self-government, for example, called for a pure separation of powers and failed, in one way or another, to establish effective, limited government because they lacked a check-and-balance system and allowed the legislatures to usurp the powers of the other branches".

produto histórico de uma concepção revolucionária que tratou precisamente de conferir ao Poder Legislativo grau de responsabilidade necessário à concretização da soberania popular, além de consagrar modelo de separação de poderes efetivamente funcional.

N. Piçarra (1989) destaca que o princípio da separação de poderes contempla, ao menos, cinco acepções, sublinhando inclusive que algumas dessas significações são mesmo "incompatíveis entre si".[110] G. Marshall (1980) foi além ao asseverar que o princípio constitui "um dos mais confusos termos do vocabulário do pensamento político e constitucional".[111]

No mesmo sentido, L. G. M. Grohmann (2001) assevera que "tal como Madison e Hamilton não precisaram com exatidão os aspectos institucionais que eram separação de poderes e controle de um poder sobre outro, também hoje em dia os termos são utilizados quase transitivamente, seja pelo senso comum, seja por analistas da política".[112] Os significados de *separação* e *controle*, por óbvio, não se confundem, motivo pelo qual não deveria ocorrer aquela utilização quase transitiva mencionada por L. G. M. Grohmann. Num esforço para clarificar o conteúdo do princípio, N. Piçarra fixou um conceito mais abarcante e orientado principalmente pelo aspecto material que deve caracterizar a separação de poderes:

> (...) o princípio pressupõe uma distinção material das funções estaduais, devendo o desempenho de cada uma delas caber a um órgão ou grupo de órgãos específico, independente dos demais; que esta distinção material das funções estaduais e a separação orgânico-pessoal nela fundada se pautam não só por preocupações de ordem jurídico-dogmática, mas também ou, sobretudo, por preocupações garantísticas: pretende-se que

110 PIÇARRA, N. (1989). *A separação dos poderes como doutrina e princípio constitucional: um contributo para o estudo das suas origens e evolução*. Coimbra, Coimbra Editora Limitada, p. 12.

111 MARSHALL, G. (1980). *Constitutional theory*. Oxford, Clarendon Press, p. 97.

112 GROHMANN, L. G. M. (2001). A separação de poderes em países presidencialistas: a América Latina em perspectiva comparada. *Revista de Sociologia e Política*. 17, p. 82.

> nenhum desses órgãos chegue a controlar, por si só, a totalidade do poder do Estado; que a entrega de cada uma das fracções em que o poder político seja dividido a diversos órgãos há de fazer com que cada um constitua perante o outro um freio e simultaneamente um contrapeso, prevenindo-se assim a concentração e o abuso do poder, a favor da liberdade individual.[113]

Ao abordar a disciplina em termos de *distinção material das funções*, N. Piçarra cuida de afastar do rol das considerações sobre o instituto da separação dos poderes, nesse fragmento específico, aqueles aspectos formais que não contribuem de maneira eficaz para o estudo do assunto em termos genuinamente políticos. É lógico que um princípio marcado pela textura de tons constitucionais haverá de ter, por definição e invariavelmente, um traço formal que lhe é capital. Isso não está em causa e merece, por certo, as apreciações típicas e próprias da Jurisprudência, uma tarefa que o próprio autor conduz com primor e minudência em outras partes de sua obra. N. Piçarra está, na verdade, realçando o caráter ontológico da separação de poderes e grifando, além do mais, o sentido funcional do princípio. Esse esquadrinhamento diz respeito, basicamente, à leitura da doutrina da separação de poderes à luz de sua substância; ou, em outras palavras, sob o prisma da capacidade do princípio no tocante aos seus objetivos autênticos e fundamentais: "limitação do poder e garantia das liberdades".[114]

Essa limitação e essa garantia, combinadas, constituem, em última instância, a essência do princípio da separação de poderes. Há, de tal modo, uma função dupla inerente ao princípio. A primeira função (*limitação do poder*) tem caráter fundamentalmente instrumental, não sendo em si mesma fim, na medida em que constitui engenho necessário à concretização da segunda função (*garantia das liberdades*). Nesse sentido, jurisprudência da Suprema Corte dos EUA de 2011 proclama que:

[113] PIÇARRA, N. (1989). *Op. cit.*, p. 13.

[114] FERRAZ, A. C. D. C. (1994). *Conflito entre poderes: o poder congressual de sustar atos normativos do poder executivo*. São Paulo, Revista dos Tribunais, p. 17.

> Os princípios da separação de poderes destinam-se, em parte, a proteger cada ramo do governo da incursão pelos outros ramos. Ainda assim, a dinâmica inter-ramos e intrarramos não é o único objeto da preocupação da Constituição. Os princípios estruturais assegurados pela separação dos poderes protegem igualmente o indivíduo.[115]

A possibilidade da incursão foi alvo específico da preocupação de Madison, por exemplo, em *O Federalista nº 48*: "Ninguém negará que o poder tem uma natureza usurpadora e deve ser eficazmente impedido de ultrapassar os limites que lhe são atribuídos".[116] No mesmo texto, Madison chamava tal incursão de "invasão" (*invasion*) e ressaltava que nenhum dos ramos "deve ter, direta ou indiretamente, uma influência dominadora sobre os outros na administração dos seus respectivos poderes".[117] O entendimento de Madison sobre o princípio da separação de poderes compreende a ideia de que a incidência da tirania é relativamente menos provável sob o regime de tal princípio, na medida em que a separação de poderes coloca o Executivo e o Legislativo em ambientes institucionais formalmente distintos. Por conseguinte, "isso gera diferentes incentivos comportamentais para os atores em cada ramificação, fazendo com que o esmagamento da minoria, pela maioria, seja no mínimo mais difícil de ser coordenado".[118] Esta função – proteção das minorias – está de modo inequívoco associada à garantia das liberdades.

É importante recordar que o mecanismo da separação de poderes, nos moldes concebidos e vislumbrados nos *Federalist Papers*, não contemplava, e muito menos almejava, uma rígida separação entre os poderes estatais. O próprio sistema dos freios e contrapesos é uma

---

[115] US Supreme Court: 09-1227, *Bond v. United States* (16.06.2011): "Separation-of-powers principles are intended, in part, to protect each branch of government from incursion by the others. Yet the dynamic between and among the branches is not the only object of the Constitution's concern. The structural principles secured by the separation of powers protect the individual as well".

[116] HAMILTON, A., MADISON, J., & JAY, J. *Op. cit.*, p. 448.

[117] HAMILTON, A., MADISON, J., & JAY, J. *Op. cit.*, p. 448.

[118] BOIX, C., & STOKES, S. C. (2007). *The Oxford handbook of comparative politics*. Oxford, Oxford University Press, 706.

confirmação da virtual impossibilidade de tal separação e, mesmo se uma separação total fosse possível, não era esta a pretensão política de Hamilton, Jay e Madison. Acreditavam que certa *difusão do exercício do poder* de cada uma das três ramificações, na totalidade do sistema, haveria de contribuir para a proteção (esta entendida como fim último e máximo) das liberdades dos cidadãos. É claro que esta difusão, necessária para a boa governança da federação, não se confunde com aquela invasão de que trata Madison em *O Federalista nº 48.*

Em grande medida, Hamilton, Jay e Madison foram herdeiros, no tocante à questão da separação de poderes, e a outros temas, das formulações teóricas de John Locke (1632-1704) e Charles-Louis de Secondat (1689-1755), Barão de *La Brède* e de *Montesquieu.* Com relação ao segundo, a herança é direta e a referência é nominal, na medida em que Montesquieu é citado expressamente nos *Federalist Papers nºs* 9, 43, 47 e 78, sinal evidente do prestígio do jurista francês e do lastro sólido e fecundo de sua obra. Ressalte-se que *Do espírito das leis*, um dos grandes clássicos da filosofia política, exerceu enorme influência sobre o pensamento dos constituintes dos EUA e sobre a própria doutrina norte-americana da separação de poderes.[119]

Antes, contudo, de outras considerações sobre Montesquieu, é justo que se faça a devida mesura, mesmo que na configuração de brevíssima síntese, ao nome de Locke e ao impacto de sua obra sobre a tradição política dos EUA. M. Hulliung (2007) assevera, nesse sentido, que "a Declaração de Independência e a Constituição dos Estados Unidos são parte de um todo consistente, fundado sobre uma e a mesma teoria de governo explanada nos escritos de Locke".[120] Em linha análoga, C. E. Martin e W. H. George (1927) destacam que "a principal fonte da teoria política dos homens da Revolução foi *Dois tratados sobre o governo* de John Locke".[121] R. J. Harris vai além ao dizer

119 CAREY, G. W. (2001). *Op. cit.*, p. 481.

120 HULLIUNG, M. (2007). *The social contract in America: from the revolution to the present age.* Lawrence, University Press of Kansas, p. 149.

121 MARTIN, C. E., & GEORGE, W. H. (1927). *American government and citizenship; American political theory, government and politics, international relations.* New York, A.A. Knopf, p. 43: "The principal source of the political theory of the men of the Revolution was John Locke's Two Treatises of Government".

que "Locke é no mínimo o padrinho do pensamento democrático norte-americano".[122]

É precisamente em *O Federalista nº 47* que a menção ao nome de Montesquieu emerge na conjuntura das considerações de Madison sobre a separação de poderes, preceito que constitui, segundo narra o próprio Madison, pressuposto da "preservação da liberdade".[123] O tema relacionado à doutrina da separação de poderes, aliás, merece tratamento particular nos textos 47, 48, 49, 50 e 51 (este último versando especificamente sobre freios e contrapesos). De todas as informações contidas em *O Federalista nº 47*, talvez a mais relevante diga respeito à afirmação de Madison de que "os departamentos legislativo, executivo e judicial de maneira alguma são totalmente separados e distintos um dos outros".[124]

Assevera Madison, ademais, que Montesquieu "não quis dizer que esses departamentos não deviam ter nenhuma influência parcial em, ou nenhum controlo sobre, os actos uns dos outros".[125] Em outras palavras, o princípio da separação de poderes, levando-se em conta a interpretação de Madison, assim como a própria doutrina de Montesquieu, abarca uma separação do tipo mitigada (uma possibilidade teórica com respaldo empírico), espécie de separação que, por isso mesmo, não pode ser percebida e muito menos classificada como absoluta (uma possibilidade teórica sem respaldo empírico). "Montesquieu mostra claramente que há uma imbricação de funções e uma interdependência entre o executivo, o legislativo e o judiciário."[126] Além do mais, a separação de poderes é, para Montesquieu, fundamentalmente "um problema político, de *correlação de forças*, e não um problema jurídico-administrativo, de organização de funções".[127]

---

[122] HARRIS, R. J. (1960). *The quest for equality: the Constitution, Congress, and the Supreme Court*. Baton Rouge, Louisiana State University Press, p. 9.

[123] HAMILTON, A., MADISON, J., & JAY, J. (2011). *Op. cit.*, p. 438.

[124] HAMILTON, A., MADISON, J., & JAY, J. (2011). *Op. cit.*, p. 439.

[125] HAMILTON, A., MADISON, J., & JAY, J. (2011). *Op. cit.*, p. 440.

[126] WEFFORT, F. C. (1990). *Os clássicos da política*. Vol. 1. São Paulo, Ática, p. 119.

[127] WEFFORT, F. C. *Op. cit.*, p. 120.

Deve-se sublinhar que o alvo primordial de Montesquieu era o absolutismo, como bem ressaltado por M. A. Cameron e T. G. Falleti (2005) em *Federalism and the subnational separation of powers.*[128] Nas palavras do próprio Charles-Louis de Secondat, "para que não se possa abusar do poder, é preciso que, pela disposição das coisas, o poder freie o poder"[129] (mais uma vez, a questão da limitação do poder). Isto posto, no próximo tópico trataremos de analisar o princípio dos freios e contrapesos, tema diretamente vinculado à questão da separação de poderes.

1.3.7 Princípio dos freios e contrapesos

O princípio dos freios e contrapesos constitui instrumento que tem por objetivo impedir a concentração de poder numa só ramificação, delimitando, desta maneira, as margens de arbitrariedade daqueles que detêm o poder. Este mecanismo tem um sentido institucional da maior importância, pois compreende método para equilibrar e racionalizar o exercício do poder, inclusive servindo de barreia para eventuais abusos, excessos e usurpações. Trata-se de sistema que estimula permanentemente a contenção do poder pelo poder, o que implica afirmar que cada ramo (sem prejuízo da autonomia que lhe foi atribuída pela constituição) deverá controlar e ser controlado pelos outros ramos.

O Legislativo controlará o Executivo e o Judiciário e será também controlado por estes. Além do mais, o Executivo controlará o Legislativo e o Judiciário e será do mesmo modo controlado por estes. Finalmente, o Judiciário controlará o Legislativo e o Executivo e será igualmente controlado por estes. Nesse sentido, em nenhum momento toda a autoridade recairá ou repousará sobre um único ramo de governo. O princípio dos freios e contrapesos, de tal modo, regula, distribui proporcionalmente e restringe o poder entre as

[128] CAMERON, M. A., & FALLETI, T. G. (2005). Federalism and the Subnational Separation of Powers. *Publius: The Journal of Federalism*. 35, p. 250.

[129] MONTESQUIEU. (1962). *Do espírito das leis*. São Paulo, Difusão Europeia do Livro, p. 180.

ramificações. As unidades federadas, vale ressaltar, seguem igualmente este modelo tripartite de separação de poderes. Em síntese, um *sistema de controle recíproco* dos três poderes no campo do ente central e no domínio das entidades periféricas.

No tocante às funções dos três poderes, deve-se enfatizar que cada um deles tem um arco (maior) de *funções próprias* e um círculo (menor) de *funções impróprias* (ou *funções naturais* e *funções artificiais*). Desse modo, legislar é função própria do Poder Legislativo, ao passo que julgar o Presidente da República por crimes de responsabilidade é função imprópria (*o Legislativo julgando*); administrar a *res publica* é função própria do Poder Executivo, ao passo que editar medidas provisórias é função imprópria (*o Executivo legislando*); julgar as controvérsias que lhe são submetidas é função própria do Poder Judiciário, mas quando este realiza a gestão de si mesmo (exemplo: administração dos tribunais), resta demonstrada a função imprópria (*o Judiciário administrando*).[130] Todas essas combinações confirmam, em termos concretos, o caráter multifuncional do sistema de freios e contrapesos.

Todas essas funções (naturais e artificiais), de todos os três ramos, bem como todos os movimentos inerentes ao sistema de freios e contrapesos, integram a totalidade do emaranhado institucional de qualquer país que separou constitucionalmente seus Poderes. Correta, por tudo isso, a reflexão de F. Ommati (1977), para quem "o grande problema da prática dos regimes são as formas de efetivação da contenção dos poderes estatais entre si, de maneira a conseguir o equilíbrio do poder".[131] Não pode, portanto, o excesso de poder numa das ramificações ser interpretado como normalidade dos sistemas federativos. Trata-se, em qualquer hipótese, de gravíssima anomalia sistêmica (que atenta simultaneamente contra o princípio da separação de Poderes e contra o princípio dos freios e contrapesos), o que não significa que um excesso desta espécie não possa ocorrer nesta ou naquela federação.[132]

---

[130] Os exemplos dados envolvendo o Poder Legislativo, o Poder Executivo e o Poder Judiciário referem-se àquelas hipóteses expressamente previstas na CF/88.

[131] OMMATI, F. (1977). Dos freios e contrapesos entre os Poderes do estado. *Revista de Informação Legislativa*. 14 (55), p. 52.

[132] A extraordinária concentração de poder nas mãos de Vladimir Putin constitui exemplo daquela anomalia federativa. A Constituição da Rússia, em seu artigo 10, separa expressamente os poderes e consagra a tripartição. A "concentração

Tendo em vista a gravidade da matéria, cuidou Publius de tratar dos *checks and balances* em cinco *Federalist Papers*: 47 a 51. Não é pouco. De acordo com G. L. Negretto (2003), defendia Madison a tese de que a única maneira de efetivar a separação de poderes é franquear "a cada autoridade uma jurisdição parcial sobre as funções das outras, de modo tal que cada uma delas tenha não somente os "meios" mas também os "motivos" para evitar o abuso e a concentração de poder."[133] O sistema dos freios e contrapesos também foi pensado, como bem sublinhado pelo mesmo G. L. Negretto, como meio tendente a salvaguardar a própria constituição mediante um equilíbrio do tipo endógeno.[134] Este dado sobre a salvaguarda da constituição é extremamente relevante, na medida em que atesta e corrobora, uma vez mais, os aspectos instrumentais do princípio dos freios e contrapesos: é ao mesmo tempo meio garantidor da separação de poderes e meio protetor da constituição. A noção de equilíbrio, aqui associada diretamente ao tema dos freios e contrapesos, não é acidental e diz respeito ao federalismo como sistema. Eis a preleção de V. Ostrom (1991):

> Ademais, um sistema de governo organizado à luz de princípios de separação de poderes com freios e contrapesos implica a partilha de poder entre estruturas decisórias independentes. Usar o poder para frear o poder no meio de

---

de poder em torno de um único centro" ("the concentration of power around a single center") é um dos temas abordados por A. B. Evans em estudo pormenorizado sobre o sistema político russo. Fonte: EVANS, A. B. (2008). *Power and ideology: Vladimir Putin and the Russian political system*. Pittsburgh, Center for Russian & East European Studies, University Center for International Studies, University of Pittsburgh, p. 26. Importante contrastar, por isso mesmo, a noção de único centro mencionada por A. B. Evans e a concepção policêntrica de federalismo defendida por D. J. Elazar em muitas de suas obras. A experiência russa, sob o comando de V. Putin, seria, desta forma, uma negação do federalismo concebido pelo fundador do Jerusalem Center for Public Affairs.

133 NEGRETTO, G. L. (2003). Diseño constitucional y separación de poderes en América Latina. *Revista Mexicana de Sociología*. 65, 1, p. 44.

134 NEGRETTO, G. L. (2003). *Op. cit.*, p. 47.

> interesses rivais e opostos (para combinar frases de Montesquieu e Madison) implica que tal sistema de governo possuirá tendências equilibrantes.[135]

A noção de *tendências equilibrantes*, por seu turno, confirma uma inevitabilidade imperiosa de todas as federações: não há federação totalmente equilibrada. O desequilíbrio será, fatalmente, uma condição permanente de toda e qualquer experiência federalista. Dar-se-ão desequilíbrios horizontais e desequilíbrios verticais. Essencial, em qualquer federação, é compreender a razão e o sentido dos desequilíbrios vigentes, bem como perceber a intensidade e a amplitude dos impactos que estes desequilíbrios produzem sobre a integralidade do sistema. Citando Benedict de Spinoza (1632 - 1677), não é o caso de "lamentar, ou execrar, mas entender as ações humanas"[136] daqueles que governam as nações que adotaram o federalismo.

O problema dos desequilíbrios nas federações, por um lado, é um problema objetivo, pois diz respeito ao funcionamento mecânico do sistema. É, por outro lado, um problema subjetivo, na medida em que os processos decisórios, por definição, são conduzidos por sujeitos detentores do poder, os quais atuam em razão de escolhas preferenciais.[137] Além do mais, no contexto de ambientes de incerteza, eleva-se enormemente a escala das subjetividades, na medida

135 OSTROM, V. (1991). *The meaning of American federalism: constituting a self-governing society*. San Francisco, ICS Press, p. 16: "Further, a system of government organized on principles of separation of powers with checks and balances implies a sharing of power among independent decision structures. Using power to check power amid opposite and rival interests (to combine phrases from Montesquieu and Madison) implies that such a system of government will have equilibrating tendencies".

136 SPINOZA, B. D. (1891). The Chief Works of Benedict de Spinoza, translated from the Latin, with an Introduction by. RHM. Elwes, vol. 1 Introduction, Tractatus-Theologico-Politicus, Tractatus Politicus. Revised edition. London, George Bell and Sons, p. 204: "lament, or execrate, but to understand human actions".

137 COOMBS, C., BEZEMBINDER, T., & GOODE, F. (1967). Testing expectation theories of decision making without measuring utility or subjective probability. *Journal of Mathematical Psychology*. 4, p. 73.

em que as probabilidades dos efeitos não decorrem de causas objetivas visíveis. Em sentido análogo, explica A. Riabacke (2006) que os ambientes de incerteza são aqueles em que as probabilidades dos resultados são completamente imprevisíveis.[138]

Outro trecho da lição de V. Ostrom que merece atenção é aquele que trata do palco de *interesses rivais e opostos* (tema fulcral em *O Federalista nº 51*). Em sentido amplo, a política é mesmo uma arena de enfrentamentos de interesses rivais e opostos: o que a solução federalista faz, e daí o seu traço admirável e inconfundível, é incorporar institucionalmente esta arena de embates. Mais que incorporar, o federalismo assimila o fenômeno das rivalidades e das oposições por força de uma evidência prosaica: não há política sem conflito. Em outras palavras, o exercício do poder, em qualquer regime político, será sempre pautado pela lógica do conflito. Ao combinar separação de poderes e freios e contrapesos, o federalismo aposta não na solução permanente dos conflitos que permearão as relações de poder que dão conteúdo político à federação; aposta, isto sim, na racionalização do ambiente político, conflituoso por natureza.

O que importa, na federação, é regular os conflitos. A perspectiva de eliminar os conflitos é simplesmente impossível e rigorosamente incompatível com a condição humana. Neste sentido, insuperável o entendimento de K. Hesse (1983), para quem os conflitos constituem "a força motriz sem a qual a transformação histórica não se produziria"[139] (o que obviamente não exclui do amplo caleidoscópio das mudanças históricas aquelas resultantes das soluções concertadas por meios pacíficos). Por tudo isso, o princípio dos freios e contrapesos revela-se, novamente, instrumental, agora no sentido de fomentar a racionalidade que deve orientar a dinâmica das controvérsias surgidas no recôndito da federação.

Ensina o Direito Romano que há três maneiras possíveis para a solução de qualquer conflito: (i) autodefesa; (ii) autocomposição;

---

138 RIABACKE, A. (2006). Managerial Decision Making Under Risk and Uncertainty. *IAENG International Journal of Computer Science*. 32 (4), p. 453.

139 HESSE, K. (1983). *Op. cit.*, p. 9.

e (iii) heterocomposição. A autodefesa (aqui entendida como variação da *lei do mais forte*) implica a solução unilateral (muitas vezes, imposta por meio do uso da força) e quase sempre ilegítima.[140] O desfecho da lide, no domínio da autodefesa, provoca a neutralização da vontade de uma das partes. A autocomposição ocorre pelo diálogo entre as partes, sem a participação de terceiros. Na esfera da autocomposição, a solução para a disputa é ato de vontade das partes. Finalmente, a heterocomposição: trata-se de mecanismo de resolução que exige a presença de um terceiro, precisamente o sujeito que julgará, no mérito, a controvérsia.[141] A vontade das partes, no campo da heterocomposição, é substituída pela vontade de um terceiro imparcial, o *outsider* que deslinda o litígio.

Se transportados os três mecanismos de resolução de conflitos para o universo das federações, a primeira hipótese (autodefesa) fica desde logo integralmente descartada, pois não se coaduna com a noção de pacto que fomenta o conteúdo político de toda e qualquer federação.[142] Saídas unilaterais são, por definição, antagônicas à própria racionalidade federativa. As federações, deste modo, incorporam institucionalmente os dois outros meios: autocomposição (método endógeno) e heterocomposição (método exógeno). Um exemplo de autocomposição no âmbito dos arranjos federalistas refere-se aos acordos estabelecidos entre unidades federadas para o fim de solução de disputas. Estas, por seu turno, podem abarcar temas diversos, tais como contendas territoriais, fiscais, ambientais[143] e jurisdicionais, apenas para citar algumas possibilidades. No caso da heterocomposição, o exemplo típico do uso deste método de solução de litígios diz respeito ao papel das cortes supremas para dirimir

---

140 Uma variação lícita da autodefesa é a *legítima defesa*.

141 Exemplo típico de terceiro na heterocomposição é o Poder Judiciário.

142 A autodefesa, no sentido do Direito Romano, não dever ser confundida com aquela autodefesa de que trata Publius, por exemplo, em *O Federalista No 51*. No referido texto de Madison, o "self-defence" é empregado justamente no sentido da *legítima defesa* (ou *uim ui repellere licet*) contra as tentativas de usurpação (ataques) de um poder sobre outro ("resistir à usurpação pelos outros") e não no sentido da *lei do mais forte*.

143 CHEREN, R. D. (2014). Environmental controversies between two or more states. *Pace Environmental Law Review*. 31 (1), p. 110.

controvérsias entre poder central e poderes periféricos no interior das federações.[144]

De todas as reflexões que Publius fez sobre a questão dos *checks and balances*, aquela especificamente contida em *O Federalista nº 51* sobre os anjos é absolutamente emblemática: ultrapassa o domínio da linguagem para adentrar a ambiência da *verità effettuale* das coisas por força de seu imenso significado político, filosófico e antropológico. O excerto é deveras extenso; sua relevância, contudo, não merece abreviações:

> Mas a grande protecção contra uma concentração gradual dos diversos poderes no mesmo departamento consiste em dar àqueles que administram cada departamento os meios constitucionais e os motivos pessoais necessários para resistir à usurpação pelos outros. A providência para a defesa deve, neste caso como em todos os outros, ser comensurável com o perigo do ataque. Deve fazer-se com que a ambição contrabalance a ambição. O interesse do homem deve estar ligado aos direitos constitucionais do cargo. Pode resultar de uma reflexão sobre a natureza humana, que tais dispositivos sejam necessários para controlar os abusos do governo. Mas o que é o governo em si próprio senão a maior de todas as reflexões sobre a natureza humana? Se os homens fossem anjos nenhuma espécie de governo seria necessária. Se fossem os anjos a governar os homens, não seriam necessários controlos externos nem internos sobre o governo. Ao construir um governo em que a administração será feita por homens sobre outros homens, a maior dificuldade reside nisto: primeiro é preciso habilitar o governo a controlar os governados; e, seguidamente, obrigar o governo a controlar-se a si próprio. A dependência do povo é, sem dúvida, o controlo primário

144 MILLER, L. (2012). *(Mis) understanding American federalism: on constitutions, collective action, competition, and quiescence*. Oxford (UK), The Foundation for Law, Justice and Society, p. 3.

> sobre o governo; mas a experiência ensinou à humanidade a necessidade de precauções auxiliares.[145]

Ao falar de "uma concentração gradual dos diversos poderes no mesmo departamento", resta claro que Publius estava diante de uma certeza e não de uma possibilidade. Certo igualmente estava em relação à condição humana: nenhuma quimera sobre o elevado grau das ambições. O governo, por sua vez, não é labor dos anjos, é faina dos homens. Ao fim da reflexão, duas questões inevitáveis: (i) como "habilitar o governo a controlar os governados"; e (ii) como "obrigar o governo a controlar-se a si próprio". Essas duas questões refletem, na verdade, um esforço com dois objetivos: (i) criar um governo capaz de governar a nação; e (ii) criar um governo capaz de governar a si mesmo.

O princípio dos freios e contrapesos diz respeito fundamentalmente à segunda finalidade; ou seja, um mecanismo que tem função saneadora no cerne do sistema político da federação. Trata-se de uma das "precauções auxiliares" vislumbradas por Madison. Há outras, é certo. A "double security" (decorrente da dupla divisão do poder) e a própria separação de poderes enquadram-se neste cesto de precauções contra as usurpações tirânicas. Publius orientava-se, na verdade, pela convicção de que há uma tendência natural dos governos para a tirania.[146]

145 HAMILTON, A., MADISON, J., & JAY, J. *Op. cit.*, p. 469.

146 REDISH, M. H., & CISAR, E. J. (1991). "If Angels Were to Govern": The Need for Pragmatic Formalism in Separation of Powers Theory. *Duke Law Journal*. 41 (3), p. 451.

CAPÍTULO 2

O BRASIL E SUA FEDERAÇÃO

Diversos autores referem-se ao federalismo como espécie de sistema, inclusive Madison, Hamilton e Jay no âmbito dos *Federalist Papers.*[147] Esse dado, por si só, guarda consigo enorme relevância, pois é indicativo de um aspecto metodológico intrínseco ao federalismo *per se*. Em outras palavras, sendo o federalismo uma realidade passível de interpretação como tipo de sistema integrado por componentes autônomos, dada a existência, como regra, de duas esferas de poder que lhe são inerentes (ou "dois conjuntos de autoridades governantes"[148]), o estudo de qualquer modelo federalista, em perspectiva teórica ou empírica, revela-se perfeitamente compatível com a noção mais ampla de sistema, o que implica dizer, por conseguinte, que tal compatibilidade contempla um sentido de ordem metodológica, nomeadamente no tocante à chamada *abordagem sistêmica*, enfoque utilizado em inúmeras pesquisas sobre o federalismo em geral e sobre o sistema federalista brasileiro em particular, as quais incluem, apenas para citar dois exemplos, investigações relacionadas à criação de municipalidades[149] e à proteção ambiental[150] no Brasil.

Além disso, vale dizer que esta abordagem opera em razão de uma premissa aparentemente simples, porém fundamental: um

---

[147] Por exemplo: 41 (Madison); 44 (Madison); 57 (Madison); 64 (Jay); 71 (Hamilton); 72 (Hamilton); 80 (Hamilton); 82 (Hamilton); 84 (Hamilton); 85 (Hamilton).

[148] FINER, S. E. (1981). *Governo comparado*. Brasília, Editora Universidade de Brasília, p. 195.

[149] TOMIO, F. R. D. L. (2005). Federalismo, municípios e decisões legislativas: a criação de municípios no Rio Grande do Sul. *Revista de Sociologia e Política*. 24, p. 125.

[150] FARIAS, P. J. L. (2013). O papel do federalismo na proteção ambiental e no desenvolvimento das diferentes regiões brasileiras: os estados-membros como laboratórios de melhores modelos de proteção ambiental. *Revista do Instituto do Direito Brasileiro*. 14, p. 16611.

sistema qualquer (federalismo abarcado) implica "uma ordem em que todas as diferentes partes se sustentam mutuamente".[151] Esse *mutualismo* constitui, sem sombra de dúvida, traço basilar de todo e qualquer sistema, inclusive dos sistemas federativos. Assim, quando analisado o federalismo à luz do conceito de sistema, importa saber, fundamentalmente, o modo pelo qual se comportam as unidades do sistema, comportamento aqui entendido em sentido político amplo, o que implica examinar o *modus operandi* dos agentes públicos envolvidos (Presidentes, Ministros, Governadores, Prefeitos, Senadores, Vereadores, Juízes) nos processos decisórios que dão vida concreta ao sistema. Por definição, um sistema qualquer é dotado de uma estrutura integrada por unidades em ambiente de permanente interação. O comportamento de qualquer unidade, em qualquer hipótese, causa impactos sobre a totalidade do sistema, independentemente dos graus quantitativos ou qualitativos de tais impactos.

Entre os inúmeros autores que avaliam o federalismo à luz da noção de sistema, podemos trazer à baila H. W. Chase (1972[152]), C. J. Friedrich (1975[153]), L. Lipson (1976[154]), R. M. G. Silveira (1978[155]), S. E. Finer (1981[156]), R. F. Pannier (1990[157]), V. Ostrom (1991[158]), R.

---

151 BOUDON, R., & BOURRICAUD, F. (1993). *Dicionário crítico de sociologia*. São Paulo, Ática, p. 504.

152 CHASE, H. W. (1972). *Federal judges: the appointing process*. Minneapolis, University of Minnesota Press, p. vii.

153 FRIEDRICH, C. J. (1975). *Gobierno constitucional y democracia: teoría y práctica en Europa y América*. Madrid, Instituto de Estudios Políticos, p. 390.

154 LIPSON, L. (1976). *Os grandes problemas da ciência política*. Rio de Janeiro, Zahar Editores, p. 370.

155 SILVEIRA, R. M. G. (1978). *Republicanismo e federalismo: um estudo da implantação da República Brasileira, 1889-1902*. Brasília, Centro Gráfico do Senado Federal, p. 63.

156 FINER, S. E. *Op. cit.*, p.196.

157 PANNIER, R. F. (1990). Justifying Federalism. *William Mitchell Law Review*. 16, p. 613.

158 OSTROM, V. (1991). *The meaning of American federalism: constituting a self-governing society*. San Francisco, ICS Press, p. 6.

Affonso (1994[159]), D. J. Elazar (1995[160]), R. W. Adler (1997[161]), C. L. A. Rocha (1997[162]), F. D. Drake e L. R. Nelson (1999[163]), A. Fossati e Giorgio Panella (1999[164]), J. Mazzone (2001[165]), B. Grey (2002[166]), A. H. Eid (2003[167]), A. O. Bowman (2004[168]), J. Rodden (2004[169]), J. F. S. Saraiva (2004[170]), A. B. Sanders (2005[171]), C. Souza (2005[172]), J. B. Bumgarner (2006[173]), C. R. Sunstein (2006[174]), S. Dosenrode (2007[175]),

---

159 AFFONSO, R. *Op. cit.*, p. 334.

160 ELAZAR, D. J. (1995). *Federalism: an overview*. Pretoria, HSRC Publishers, p. 6.

161 ADLER, R. W. (1997). Unfunded Mandates and Fiscal Federalism: A Critique. *Vanderbilt Law Review*. 50, p. 1160.

162 ROCHA, C. L. A. (1997). *República e federação no Brasil: traços constitucionais da organização política brasileira*. Belo Horizonte, Del Rey, p. 175.

163 DRAKE, F. D., & NELSON, L. R. (1999). *States' rights and American federalism a documentary history*. Westport, Conn, Greenwood Press, p. xix.

164 FOSSATI, A., & PANELLA, G. (1999). *Fiscal federalism in the European Union*. London, Routledge, p. 65.

165 MAZZONE, J. (2001). The Social Capital Argument for Federalism. *Southern California Interdisciplinary Law Journal*. 11, p. 29.

166 GREY, B. (2002). The New Federalism Jurisprudence and National Tort Reform. *Washington & Lee Law Review*. 59, p. 511.

167 EID, A. H. (2003). Federalism and Formalism. *William & Mary Bill of Rights Journal*. 11 (3), p. 1235.

168 BOWMAN, A. O. (2004). Horizontal Federalism: Exploring Interstate Interactions. *Journal of Public Administration Research and Theory*. 14, p. 536.

169 RODDEN, J. (2004). Comparative Federalism and Decentralization: On Meaning and Measurement. *Comparative Politics*. 36 (4), p. 489.

170 SARAIVA, J. F. S. (2004). A busca de um novo paradigma: política exterior, comércio externo e federalismo no Brasil. *Revista Brasileira de Política Internacional*. 47 (2), p. 131.

171 SANDERS, A. B. (2005). The New Judicial Federalism before its Time: A Comprehensive Review of Economic Substantive Due Process under State Constitutional Law since 1940 and the Reasons for its Recent Decline. *American University Law Review*. 55 (2), p. 459.

172 SOUZA, C. (2005). Federalismo, desenho constitucional e instituições federativas no Brasil pós-1988. *Revista de Sociologia e Política*. 24, p. 105.

173 BUMGARNER, J. B. (2006). *Federal agents: the growth of federal law enforcement in America*. Westport, Conn, Praeger, p. 219.

174 SUNSTEIN, C. R. (2006). *Are judges political?: an empirical analysis of the federal judiciary*. Washington, D.C., Brookings Institution Press, p. 139.

175 DOSENRODE, S. (2007). *Approaching the European federation?* Aldershot, England, Ashgate, p. 3.

L. N. Gerston (2007[176]), E. Ryan (2007[177]), A. Silveira (2007[178]), A. A. Bhagwat (2008[179]), R. Faoro (2008[180]), S. A. Binder e F. Maltzman (2009[181]), D. L. Franklin (2009[182]), R. A. Miller (2009[183]), L. V. D. Q. Barbosa, E. Carvalho e J. M. W. Gomes Neto (2010[184]), P. J. Henning (2010[185]), A. Mills (2010[186]), J. G. André (2012[187]), M. T. S. Arretche (2012[188]), D. Bataveljić (2012[189]), D. Cara (2012[190]), J. B. Pozen (2012[191]) e P. R. B. Ramos (2012[192]).

---

176 GERSTON, L. N. (2007). *American federalism: a concise introduction*. Armonk, N.Y., M.E. Sharpe, p. 37.

177 RYAN, E. (2007). Federalism and the Tug of War Within: Seeking Checks and Balance in the Interjurisdictional Gray Area. *Maryland Law Review*. 66 (3), p. 518.

178 SILVEIRA, A. (2007). *Cooperação e compromisso constitucional nos estados compostos: estudo sobre a teoria do federalismo e a organização jurídica dos sistemas federativos*. Coimbra, Almedina, p. 215.

179 BHAGWAT, A. A. (2008). Cooper v. Aaron and the Faces of Federalism. St. Louis University Law Journal. 52, p. 11.

180 FAORO, R. (2008). *Os donos do poder: formação do patronato político brasileiro*. São Paulo, Globo, p. 630.

181 BINDER, S. A., & MALTZMAN, F. (2009). *Advice & dissent the struggle to shape the federal judiciary*. Washington, D.C., Brookings Institution Press, p. 126.

182 FRANKLIN, D. L. (2009). Justice Ginsburg's Common Law Federalism. *New England Law Review*. 43 (4), p. 752.

183 MILLER, R. A. (2009). In a Dissenting Voice: Justice Ginsburg's Federalism. *New England Law Review*. 43 (4), p. 781.

184 BARBOSA, L.V.D.Q., Carvalho, e., & Gomes Neto, J. M. W. *Op. cit.*, p. 149.

185 HENNING, P. J. (2010). Federalism and the Federal Prosecution of State and Local Corruption. *Kentucky Law Journal*. 92, p. 18.

186 MILLS, A. (2010). Federalism in the European Union and the United States: Subsidiarity, Private Law and the Conflict of Laws. *University of Pennsylvania Journal of International Law*. 32 (2), p. 371.

187 ANDRÉ, J. G. *Op. cit.*, p. 115.

188 ARRETCHE, M. T. S. (2012). *Democracia, federalismo e centralização no Brasil*. Rio de Janeiro, FGV, p. 27.

189 BATAVELJIĆ, D. (2012). Federalism: The Concept, Development and Future. *International Journal of Humanities and Social Science*. 2 (24), Special Issue, p. 24.

190 CARA, D. (2012). Municípios no pacto federativo: fragilidades sobrepostas. *Revista Retratos da Escola*. 6 (10), p. 257.

191 POZEN, J. B. (2012). Federalism as a safeguard of the separation of powers. *Columbia Law Review*. 112 (3), p. 464.

192 RAMOS, P. R. B. (2012). Federalismo: condições de possibilidade e características essenciais. *Revista de Informação Legislativa*. 49 (193), p. 25.

Esse extenso rol de autores que cuidaram do estudo do federalismo sob o prisma da noção de sistema sinaliza de forma clara e inequívoca a importância de tal abordagem, principalmente quando esta é utilizada no sentido de interpretar a realidade federalista como meio apto a racionalizar a divisão de poder; ou seja, tomando-se o sistema (federalismo) como indutor de funções repartidoras de poder e não apenas como esquema normativo protocolar previsto neste ou naquele texto constitucional. Cumpre notar que a *abordagem sistêmica* é uma, entre várias, válida para o estudo do federalismo. Importante destacar, ademais, que muitos dos autores supracitados analisam o federalismo não necessariamente sob o ângulo exclusivo do conceito de sistema; mas em todas as referências indicadas, o aludido conceito é levado em consideração por esses mesmos autores. Há, por certo, outras abordagens possíveis e igualmente válidas; neste sentido, dois exemplos: o federalismo em termos *processuais*[193] e o federalismo em termos *institucionais*.[194] J. Rodden (2004), um dos autores anteriormente citados, chega mesmo a afirmar que o federalismo é um *processo* estruturado por uma série de *instituições* por meio do qual a autoridade é ao mesmo tempo distribuída e redistribuída.[195] Assevera ainda o supracitado autor que a eficácia dos arranjos federalistas depende largamente dos "incentivos institucionais"[196] derivados da própria lógica contratual do sistema.

Não obstante, para os fins metodológicos desta obra, a preferência pelo exame do federalismo na perspectiva específica da noção de sistema deu-se em razão da convicção de que esse meio de análise revela-se, por um lado, ao mesmo tempo útil e necessário para uma compreensão mais fecunda das relações em curso entre os entes federados brasileiros, o que não implica, por certo, preterir as mencionadas abordagens processuais e institucionais, na medida em que estas apresentam relevante inclinação explicativa para a apreensão das relações entre as unidades sob apreciação. Por outro lado, há que se enfatizar

[193] SILVEIRA, A. *Op. cit.*, p. 204.

[194] MEEKISON, J. P. (2004). *Reconsidering the institutions of Canadian federalism: the state of the federation 2002.* Montréal, Que, McGill-Queen's University Press, p. 4.

[195] RODDEN, J. *Op. cit.*, p. 489.

[196] RODDEN, J. *Op. cit.*, p. 491.

que o federalismo, quando examinado à luz da noção de sistema, deve ser tomado por *sistema político* no contexto mais abrangente da *teoria de sistemas*. Essa associação é consagrada de forma precisa, por exemplo, por K. Waltz (2002) nos seguintes termos:

> Podemos, pois, tentar pensar os sistemas políticos em formas compatíveis com os modelos utilizados em teoria de sistemas e em cibernética. Um sistema é então definido como um conjunto de unidades em interação. Num primeiro plano, um sistema consiste numa estrutura, sendo a estrutura o nível sistêmico propriamente dito que torna possível pensar nas unidades como formando um conjunto, algo mais que uma mera coleção. Noutro plano, o sistema consiste em unidades em interação.[197]

De tal modo, sendo o federalismo um tipo de sistema político, sua análise por intermédio da *abordagem sistêmica* revela-se integralmente apropriada. Deve-se realçar, desde já, que a "leitura" do federalismo mediada pelas lentes do paradigma de sistema tem por escopo precípuo ultrapassar visões puramente formais e extrapolar entendimentos meramente protocolares do modelo federalista brasileiro. Importante, no cerne da análise, é verificar a qualidade do funcionamento do sistema no contexto de sua totalidade, tarefa apenas possível quando examinadas as "unidades em interação" de que trata K. Waltz e as relações estabelecidas entre estas. Ressalte-se, além do mais, a incidência permanente de relações historicamente errantes e conturbadas entre as entidades federadas brasileiras.[198]

---

197 WALTZ, K. N. (2002). *Teoria das relações internacionais*. Lisboa, Gradiva, p. 62.

198 FAORO, R. *Op. cit.*, p. 530. Faoro observa, em sua magistral obra *Os donos do poder: formação do patronato político brasileiro*, que antagonismos profundos marcavam as relações entre determinados Estados brasileiros já no início da era republicana instaurada em 1889 (aliás, antagonismos oriundos do regime monárquico). Cita, para efeito de exemplo, a *fortaleza* dos Estados sulistas e a *fraqueza* dos Estados nortistas, contraste que haveria de alimentar estranhamentos por mais de um século. Ainda nos dias de hoje, sentimentos conflituosos (e mesmo antagonismos de ordem cultural) entre sul e norte pautam enormemente a qualidade do relacionamento entre os Estados das supramencionadas regiões, inclusive no tocante à insuperável questão relacionada à distribuição de recursos financeiros advindos da União.

Em outras palavras, qualquer modelo federalista será sempre um sistema orientado por um vasto conjunto de funções a serem desempenhadas permanentemente pelos entes federados, entre as quais a função de agentes fomentadores do equilíbrio. A União, os Estados e os Municípios são, ademais, subsistemas,[199] o que implica dizer serem detentores de outros vastos conjuntos de funções a serem exercidas nos domínios internos de suas respectivas jurisdições (é o caso, por exemplo, da segurança pública operada por meio da Polícia Civil e da Polícia Militar em cada uma das unidades federadas).

Diante do complexo arranjo fixado em 1988, a questão das funções dos entes federados adquiriu enorme relevo, nomeadamente num cenário repleto de contradições que caracterizam em sentido mais amplo o ambiente muitas vezes conturbado da política brasileira. O seguinte episódio, envolvendo relações entre a União e o Estado de Roraima, ilustra bem o problema das funções no quadro dos estranhamentos inerentes ao federalismo vigente no Brasil:

> O ministro Joaquim Barbosa, presidente do STF (Supremo Tribunal Federal), determinou o cancelamento do registro de terras efetuados em nome do Estado de Roraima por se tratarem de terras da União. As terras atingidas pela decisão do Supremo somam mais de quatro milhões de hectares. Segundo o Incra, autor da ação, as glebas serão destinadas a programas de reforma agrária. Em sua decisão, Barbosa lembrou que, em julgamento realizado em 2004, o STF se pronunciou sobre matéria similar e anulou as alterações de registro de glebas realizadas pelo Estado de Roraima sem participação da União. No processo, o Incra questionou ato do presidente do Interama (Instituto de Terras do Estado de Roraima), que pediu em um cartório da cidade de Caracaraí (RR), em março de 1999, a abertura de um processo administrativo para registrar em nome de Roraima terras pertencentes à União. Para o Incra, o cartório realizou a

[199] KUNZLER, C. D. M. (2004). A Teoria dos Sistemas de Niklas Luhmann. *Estudos de Sociologia*. 16, p.132.

> transferência das terras da União para o Estado de Roraima por ter considerado, erroneamente, que as terras passaram a integrar o patrimônio de Roraima quando este ganhou o estatuto de Estado. A lei que instituiu a criação do Estado de Roraima, de 1981, transformou os antigos territórios federais de Roraima e do Amapá em Estados da federação. No entanto, a Constituição Federal de 1988, que confirma a elevação de Roraima ao status de Estado, estabelece ressalvas para a transferência de terras da União. Para o relator do caso no STF, "a imprecisão sobre a congruência espacial das terras transferidas com imóveis cujo domínio remanesce com a União soma-se à ilegalidade do processo administrativo de arrecadação sumária, cuja conclusão não poderia atingir o patrimônio federal sem prévia pronúncia da autoridade competente". Joaquim Barbosa disse ainda que uma sentença proferida pelo juízo da 3ª Vara Cível da Comarca de Boa Vista sobre a matéria não soluciona o impasse, pois questões relacionadas à disputa entre a União e o Estado de Roraima somente poderiam ser resolvidas pelo STF.[200]

No caso aqui narrado, lógico haver uma relação mecânica[201] inerente à conexão entre a União e uma das entidades federadas (Roraima), a qual decorre de uma circunstância óbvia: uma e outra integram o sistema e, por força da disposição constitucional vigente, são obrigadas a manter relações institucionais permanentes entre si, inclusive de cooperação[202] (o que não é o caso no contexto da narrativa). Sem prejuízo deste liame essencialmente mecânico, decorrente do

---

200 *UOL Notícias*, 26.11.12 (fonte: http://goo.gl/wobNe).

201 Por relação mecânica, leia-se uma relação necessária, e inevitável, entre quaisquer unidades do sistema, o que implica que tal relação tem, fundamentalmente, um caráter objetivo. Não se trata, aqui, de debater a conveniência ou a oportunidade da relação.

202 Exemplo da aludida cooperação encontra respaldo, por exemplo, no artigo 241 da CF/88: "A União, os Estados, o Distrito Federal e os Municípios disciplinarão por meio de lei os consórcios públicos e os convênios de cooperação entre os entes federados, autorizando a gestão associada de serviços públicos, bem como a transferência total ou parcial de encargos, serviços, pessoal e bens essenciais à continuidade dos serviços transferidos".

modelo federalista *per se*, revela-se fundamental para a análise em curso o *aspecto funcional* da aludida relação (conflituosa no caso relatado), no sentido de se averiguar a espécie de relacionamento (incluídas as condutas funcionais respectivas) entre os entes em causa justamente à luz de um enfrentamento entre unidades que integram a federação. Ademais, por aspecto funcional, entenda-se o federalismo como realidade institucional viva e dinâmica (e não simplesmente realidade institucional neutra e estática) sustentada por um pacto cuja viabilidade política pressupõe o desempenho regular e contínuo de determinadas funções por parte das unidades do sistema individualmente consideradas. No contexto específico do caso concreto, resta cabalmente exibida a função desagregadora de Roraima, conduta juridicamente ilícita e politicamente desastrosa para o equilíbrio da federação.

Cumpre ressaltar que o tema da contenda em tela é antigo: terras públicas. O desenlace do litígio, por seu turno, deu-se na esfera institucional adequada: STF. As aparências indicam um grau de normalidade no desfecho do conflito entre província e poder central, litígio em certo sentido previsível face às dimensões territoriais do Brasil e tendo em vista velhas dúvidas sobre os reais proprietários das terras. Contudo, apenas e tão somente aparências de normalidade, pois quando colocada a lupa sobre a conduta do ente federado (leia-se a decisão que culminou com o "registro de terras efetuado em nome do Estado de Roraima por se tratarem de terras da União"), percebe-se a má-fé do Estado de Roraima em relação à União. Em outras palavras, o que aparentemente surge como demanda natural entre um dos Estados e a União, num ambiente de arranjo federalista, na verdade revela-se como configuração inequívoca de grave comportamento do aludido ente federado, pautado, vale repetir, pela má-fé, esta entendida como intenção (*intentio*) deliberada e dolosa de agente público estadual (titular do *Instituto de Terras do Estado de Roraima*) no sentido de produzir resultado favorável aos interesses econômicos daquele Estado. A má-fé se confirma pura e simplesmente pela circunstância de que, já em 2004, o mesmo tribunal havia se manifestado sobre tema análogo, anulando o "registro de glebas realizadas pelo Estado de Roraima sem participação da União" (por participação, entenda-se a presença da União no processo administrativo-burocrático necessário à legalidade do mencionado registro).

Por definição, qualquer pacto, inclusive os pactos federativos, habitam o universo do dever-ser (*pacta sunt servanda*: os pactos devem ser cumpridos). Um pacto prevê o que deve acontecer, o que não implica que esta ou aquela previsão normativa necessariamente haverá de se confirmar na íntegra (ou mesmo parcialmente).[203] Neste sentido, constitui dever imperioso de qualquer ente federado, no quadro do pacto federativo, atuar em benefício da totalidade do sistema, o que importa agir favoravelmente ao equilíbrio do arranjo federalista (a questão da função). Assim, partindo-se do pressuposto segundo o qual uma das finalidades de qualquer modelo federalista é justamente o equilíbrio do sistema (o desequilíbrio como finalidade seria um total disparate), circunstância que forçosamente impõe às unidades que lhe dão forma e conteúdo condutas tendentes ao supramencionado equilíbrio, qualquer medida adotada por uma ou por outra entidade federada em desfavor do poder central (ou em desfavor de qualquer outro ente da federação) representa, também por definição e para todos os efeitos, ato que atenta invariavelmente contra o equilíbrio do sistema em sua totalidade.

A conduta desviante de Roraima, por tudo isso, é mais do que nítida. Necessário enfatizar que a *boa-fé das partes contratantes* do concerto federativo vigente é ao mesmo tempo crucial e decisiva para o triunfo do pacto. Impossível vislumbrar um modelo federalista minimamente equilibrado quando este ou aquele ente federado opta por conduzir-se de forma desleal, desonesta e desmedida. No caso aqui relatado, temos a União como vítima, não se confirmando a sabotagem articulada por Roraima graças à intervenção judicial adequada por parte da autoridade federal, a qual desempenhou por força das circunstâncias concretas verdadeira *função de defesa* para resguardar-se em sentido estrito e para proteger a federação em sentido amplo. Caso típico, aliás, de conflito legitimamente resolvido

[203] Exemplo típico deste *pacta sunt servanda* constitucional é o disposto no parágrafo único do artigo 23 da CF/88: "Leis complementares fixarão normas para a cooperação entre a União e os Estados, o Distrito Federal e os Municípios, tendo em vista o equilíbrio do desenvolvimento e do bem-estar em âmbito nacional". A cooperação, por conseguinte, como meta (e não como realidade política concreta).

por intermédio da chamada *heterocomposição* (o Poder Judiciário tendo sido provocado a atuar como terceiro neutro e imparcial, agente apto a solucionar, no mérito, litígio surgido entre a unidade central e uma das entidades subnacionais).

Ainda no que respeita ao entendimento de que o federalismo é tipo de pacto, importante destacar que, no caso brasileiro, por conta do que preconiza o primeiro artigo da CF/88 ("união indissolúvel"), o pacto federativo em vigor não comporta rupturas de nenhuma espécie, o que significa asseverar que os entes federados integrantes do sistema encontram-se naquela posição em que a saída do arranjo é absolutamente impraticável. Daí que a convivência entre as unidades do sistema compreende realidade política inexorável, independentemente da qualidade desta convivência. O comportamento norteado pela boa-fé (*bona fides*) das unidades no quadro complexo das múltiplas relações políticas que orientam o sistema é condição imperiosa, vale lembrar, para o bom e regular funcionamento do organismo federativo. Em síntese, quaisquer enfrentamentos, especialmente aqueles que ao final se revelam desnecessários, comprometem sempre o equilíbrio do sistema e fomentam enormemente o desgaste institucional no interior do pacto federativo.

Deve-se enfatizar, ademais, a incomparável competência do STF como *Tribunal da Federação*,[204] nos termos do que prevê expressamente um dos comandos do texto da CF/88. A competência para dirimir a aludida disputa, travada judicialmente entre o Estado de Roraima e a União, encontra respaldo específico no artigo 102 (I, "f") do texto constitucional brasileiro: "Compete ao Supremo Tribunal Federal, precipuamente, a guarda da Constituição, cabendo-lhe

[204] Neste sentido, Rui Barbosa já o proclamara em 1914: "Agora estai comigo. Veio a República; e que fez? Trocando, na denominação desse tribunal, o predicativo de justiça pelo qualificativo de federal, não lhe tirou o caráter de tribunal de justiça, inerente, sobre todos, à sua missão constitucional; senão que, pelo contrário, o ampliou constituindo nele o grande tribunal da Federação, para sentenciar nas causas suscitadas entre a União e os Estados, e em derradeira instância, nos pleitos debatidos entre os atos do governo, ou os atos legislativos, e a Constituição" (fragmento do discurso pronunciado pelo Conselheiro Rui Barbosa no Instituto dos Advogados ao tomar posse como Presidente em 19.11.14; fonte: http://goo.gl/x8Mxr).

processar e julgar, originariamente, as causas e os conflitos entre a União e os Estados, a União e o Distrito Federal, ou entre uns e outros, inclusive as respectivas entidades da administração indireta". Esta função capital de verdadeiro *zelante do equilíbrio federativo* é confirmada, de maneira inequívoca, pela jurisprudência do próprio tribunal, nos termos da seguinte decisão proferida no ano de 2013:

> A Constituição da República confere, ao Supremo Tribunal Federal, a posição eminente de Tribunal da Federação (CF, art. 102, I, "f"), atribuindo, a esta Corte, em tal condição institucional, o poder de dirimir controvérsias, que, ao irromperem no seio do Estado Federal, culminam, perigosamente, por antagonizar as unidades que compõem a Federação. Essa magna função jurídico-institucional da Suprema Corte impõe-lhe o gravíssimo dever de velar pela intangibilidade do vínculo federativo e de zelar pelo equilíbrio harmonioso das relações políticas entre as pessoas estatais que integram a Federação brasileira. A aplicabilidade da norma inscrita no art. 102, I, "f", da Constituição estende-se aos litígios cuja potencialidade ofensiva revela-se apta a vulnerar os valores que informam o princípio fundamental que rege, em nosso ordenamento jurídico, o pacto da Federação.[205]

O fragmento da jurisprudência transcrita é proeminente em muitos aspectos no que tange à análise do federalismo no Brasil: (1º) reitera e ratifica o *status* da corte como Tribunal da Federação; (2º) reconhece a existência (e alerta para o perigo) dos antagonismos entre os entes federados; (3º) proclama o equilíbrio como meta do sistema federalista; e (4º) confirma a federação como espécie de pacto. Cumpre observar, por um lado, que os quatro aspectos aqui realçados apresentam, em larga medida, caráter de universalidade, na medida em que são aplicáveis a todo e qualquer sistema verdadeiramente federalista, inclusive o brasileiro. Por outro lado, podem esses quatro aspectos – sob o ângulo insípido e técnico da linguagem judiciária – aparentar

205 AC 3389 MC-Ref/PI – Piauí, referendo na medida cautelar na Ação Cautelar, Relator: Min. Celso de Mello, Julgamento: 01/08/2013, Órgão Julgador: Tribunal Pleno.

sinais de obviedade; do ponto de vista político, todavia, traduzem algo do maior relevo: a proclamação, mesmo que tangencial, no sentido de que a federação tem as suas instituições, os seus princípios, os seus valores, as suas regras e, mais importante, as suas barreiras intransponíveis e os seus limites invioláveis. Especial destaque para o segundo aspecto realçado, principalmente no tocante à hipótese do *perigo dos antagonismos*, os quais podem, em situações extremas e em última instância, colocar em xeque a própria existência das federações.[206]

Ao tratar do federalismo de forma tão clara, o STF, mesmo que indiretamente, faz um chamamento à responsabilidade política das unidades que dão vida ao sistema, além de evidenciar o caráter funcional do tribunal no que se refere ao seu papel de *promotor da heterocomposição*[207] no âmbito do sistema diante da hipótese de controvérsias surgidas entre os entes federados;[208] ou, em outras palavras, a "finalidade pacificadora"[209] do Poder Judiciário mencionada por A. C. D. A. Cintra, C. R. Dinamarco e A. P. Grinover (2011), incluída a pacificação judicial envolvendo disputas entre as entidades que integram o arranjo federalista. J. Rodden (2004), por seu turno, vai além ao asseverar que a credibilidade da linguagem constitucional implica a presença de uma corte constitucional forte e independente.[210]

---

206 Cite-se, por exemplo, a ameaça à integridade territorial russa por conta da crise entre poder central (Moscovo) e Chechênia.

207 SENA, A. G. D. (2007). Formas de resolução de conflitos e acesso à justiça. *Revista Tribunal Regional do Trabalho da Terceira Região*. 76, p. 94. Propõe a autora a seguinte definição para a heterocomposição: "A heterocomposição ocorre quando o conflito é solucionado através da intervenção de um agente exterior à relação conflituosa original. É que, ao invés de isoladamente ajustarem a solução de sua controvérsia, as partes (ou até mesmo uma delas unilateralmente, no caso da jurisdição) submetem a terceiro seu conflito, em busca de solução a ser por ele firmada ou, pelo menos, por ele instigada ou favorecida". Soluções construídas no âmbito do Poder Judiciário são, regra geral, soluções que integram a categoria da heterocomposição.

208 Ou *o árbitro do federalismo* como sugere W. H. Riker. In RIKER, W. H. (1964). *Federalism: origin, operation, significance*. Boston, Little, Brown, p. 51.

209 CINTRA, A. C. D. A., GRINOVER, A. P., & DINAMARCO, C. R. (2011). *Teoria geral do processo*. São Paulo, Malheiros, p. 30.

210 RODDEN, J. *Op. cit.*, p. 491.

A supramencionada decisão, entretanto, não sinaliza nada de novo no tocante aos problemas estruturais do federalismo brasileiro, nomeadamente a questão que diz respeito aos excessivos poderes da União. Nem poderia fazê-lo, na medida em que a decisão em tela refere-se tão somente àquela controvérsia concreta; ou seja, o litígio entre o Estado de Roraima e a União. Desde já, porém, alerte-se para o fato de que o STF, em assuntos relacionados ao tema do federalismo, de 1988 aos dias de hoje, longe está de ser inovador ou mesmo criativo. A Corte, refém da melancólica tradição de decidir linearmente em matéria federalista, tende a fazer mais do mesmo ao produzir (e reproduzir em larga escala) sentenças absolutamente previsíveis nesta matéria, o que obviamente contribui pouco para o aperfeiçoamento do sistema federalista brasileiro.

2.1 UM SISTEMA EM DESEQUILÍBRIO

A hipótese central desta obra compreende o entendimento segundo o qual *a concentração excessiva de poderes na esfera da União constitui a causa principal do desequilíbrio do modelo federalista brasileiro*. Essa hipótese, por seu turno, tem como pressuposto a afirmação de que o modelo federalista do Brasil constitui, à partida (leia-se 1988), arranjo em posição de desequilíbrio.[211] A mesma hipótese também indica que a aludida concentração de poderes na esfera do poder central *não constitui a única* causa de tal desequilíbrio. Há outros fatores, seguramente, que contribuem para este estado de desequilíbrio, nomeadamente a frágil autonomia dos Estados e a virtual inexistência de autonomia dos Municípios.

É importante observar, ademais, que este *cenário de desequilíbrio* não pode ser confundido com o *conceito de assimetria*

[211] Longe de ser arbitrária, esta pressuposição pode ser entendida como resultante do entendimento amplamente aceito nos meios acadêmicos e políticos do Brasil segundo o qual o sistema federalista experimenta, desde 1988, doses profundas de desequilíbrio entre os entes federados. Esse desequilíbrio, por seu turno, não decorre e não está limitado àquelas equações normativas elaboradas pelo constituinte e assimiladas pela CF/88. O problema é mais amplo e diz respeito, também, à falta de uma verdadeira cultura federalista no Brasil, tema já abordado no capítulo anterior.

formulado por C. D. Tarlton em *Symmetry and asymmetry as elements of federalism: a theoretical speculation*. Convém recordar, por isso mesmo, uma das lições essenciais de C. D. Tarlton: qualquer que seja o sistema federalista submetido à apreciação pormenorizada de suas realidades e contingências, sobre a mesa repousará a circunstância inexorável de que a existência de *relações de simetria* e *relações de assimetria* entre os entes federados constitui traço definidor do próprio federalismo.

Em outras palavras, a incidência de assimetria no âmbito do federalismo dar-se-á em qualquer hipótese. Possível, de tal modo, vislumbramos dois cenários: primeiro, um cenário de coexistência de assimetrias e desequilíbrio (*desequilíbrio assimétrico*); segundo, um cenário de coexistência de assimetrias e equilíbrio (*equilíbrio assimétrico*). No tocante ao segundo cenário, há um paradoxo aparente: seria possível um sistema federalista em disposição de equilíbrio ter fluxos assimétricos? Entendemos que sim, razão pela qual o paradoxo é meramente aparente. Como bem assinalado por C. D. Tarlton, arranjos federalistas, quaisquer que sejam as demarcações constitucionais correspondentes, deverão construir e efetivar mecanismos com capacidade para neutralizar os efeitos decorrentes dos fluxos assimétricos de forma a produzir o equilíbrio (no caso da inexistência deste) ou mesmo de maneira a preservar o equilíbrio (no caso da existência deste).

Quando, por exemplo, determinado ministério brasileiro concentra 90%[212] dos gastos da pasta para determinada unidade da federação, em evidente detrimento das demais entidades subnacionais, a racionalidade federativa é negada *in totum*: ignoram-se os meios (recursos da União) neutralizantes dos fluxos assimétricos e perpetuam-se os fatores que fomentam o desequilíbrio do sistema. Opção temerária, por conseguinte, seria aquela de ignorar eventos reais como este aqui sublinhado, mais do que apto a ilustrar e a descrever, de maneira efetiva, a dinâmica federalista brasileira no contexto de

[212] *Veja*, 04.01.12 (fonte: https://veja.abril.com.br/politica/fernando-bezerra-diz-que-dilma-sabia-de-repasses-para-pe; acesso em 15.01.22).

suas experiências cotidianas, inclusivamente na esfera específica do Executivo federal. Max Weber já alertara: "Nada prejudicou mais o interesse da ciência do que não se querer ver os fatos incômodos e as realidades da vida na sua dureza".[213]

Alerta, aliás, útil para o estudo do sistema federalista brasileiro, modelo fortemente enlaçado por desequilíbrios, os quais só são passíveis de demonstração e verificação caso haja uma permanente confrontação entre realidades empíricas e proposituras de ordem teórica. Quando, por exemplo, o princípio dos *checks and balances* revela-se ineficaz na sua função saneadora, inclusive no tocante ao tema das transferências de recursos financeiros da União para Estados e Municípios, confirma-se, mesmo que parcialmente, aquele pressuposto segundo o qual o modelo federalista brasileiro compreende sistema em desequilíbrio, na medida em que um dos princípios fulcrais do federalismo - *checks and balances* - adquire texturas de ineficácia justamente no que se refere à função equalizadora que lhe é intrínseca.

2.1.1 Poderes excessivos da União

Poderes excessivos da União não constituem, vale dizer, invenção discricionária daqueles que deram forma e conteúdo ao texto da CF/88. O fenômeno é antigo, diz respeito à questão da concentração de poderes no domínio da autoridade central brasileira e confunde-se, até hoje, com a própria matriz de poder vigente durante o império, inclusive no período imediatamente anterior ao golpe[214] de 1889, o qual faria brotar, mesmo em solo infértil, república e federalismo por força da mesma canetada.

Neste sentido, R. Faoro (2008), em fecunda apreciação sobre a atmosfera política anterior ao ato inaugural da República Federativa, haveria de narrar nos seguintes termos a contextura da centralização de poder da ordem imperial no Brasil:

---

213 WEBER, M. (2001). *Metodologia das ciências sociais.* Parte 1. 4a Edição. São Paulo, Cortez, p. 113.

214 GOMES, L. (2013). *1889: como um imperador cansado, um marechal vaidoso e um professor injustiçado contribuíram para o fim da monarquia e a proclamação da República no Brasil.* São Paulo, Globo, p. 24.

> Nos meados do século, a ordem imperial atingira o clímax, com a centralização, o monarquismo sem contestações, a sociedade dominada pelo Estado. Os próprios partidos entram em recesso, calados e reverentes, freados pela Conciliação (1853-57). Os ódios antigos pareciam mortos, as revoluções sepultadas, extintos os protestos pela usurpação da soberania popular na Coroa. Os liberais esquecem, por um momento, a lei de 1841, a entrega da Guarda Nacional ao ministro da Justiça, o aviltamento das localidades pelo poder central.[215]

Este fragmento, extraído da superlativa obra *Os donos do poder: formação do patronato político brasileiro*, referência capital para quaisquer estudos sobre a história da política brasileira, traz elementos de grande validez mesmo para este quarto inicial do século XXI, nomeadamente a informação sobre o aviltamento dos poderes locais (em tempo presente as municipalidades). Esta sufocação perpetrada pela União sobre os Municípios (circunstância, ressalte-se, largamente verdadeira no tocante aos Estados) confirma-se, ainda hoje[216] e uma vez mais, pela via do texto constitucional em vigor, principalmente quando verificados os teores das duas categorias de *competências privativas*[217] da União: as competências materiais (de caráter executivo) e as competências legislativas (respectivamente artigos 21 e 22 da CF/88).

Narrativa surpreendente (e um tanto caricata) relacionada à centralização de poder no Brasil e do excesso de poderes atribuídos ao Poder Executivo federal é revelada, por exemplo, pela leitura dos famosos diários de Getúlio Vargas (1882 - 1954[218]). Em 04 de fevereiro de 1937, o líder político nascido em São Borja, no Rio Grande do Sul, haveria de apostilar, sempre com os pormenores devidos, o seguinte despacho:

---

215 FAORO, R. (2008). *Os donos do poder: formação do patronato político brasileiro.* São Paulo, Globo, p. 503.

216 CAMPOS, M. (2006). Municípios sufocados. *Estado de Minas*, 18.12.06 (fonte: http://goo.gl/FNJXRr).

217 MOHN, P. (2010). A repartição de competências na Constituição de 1988. *Revista de Informação Legislativa.* 47 (187), p. 221.

218 *Secretaria de Estado de Cultura do Distrito Federal* (fonte: http://goo.gl/R2TFR).

> Despacho nas pastas militares. (...) Tratamos de outros assuntos: compra de submarinos, encomenda de material para a construção de contratorpedeiros, arrendamento de alguns destes nos Estados Unidos, reforma do regulamento da Escola Naval, idem do uniforme dos alunos (...).[219]

Sim, cuidar do "uniforme dos alunos" da Escola Naval já foi tarefa presidencial no Brasil em determinado momento de sua história. Aqui há um paradoxo manifesto: a pequenez da matéria é inversamente proporcional à magnitude dos poderes que possuía Getúlio Vargas. Não que o inventário de assuntos variados, e por vezes irrelevantes ou mesmo bizarros, não tenha crescido nos últimos 85 anos. Essa passagem é ilustrativa de quão irracional era, e ainda é, o exercício dos poderes presidenciais no Brasil. Uma irracionalidade, nos tempos atuais, que se mantém, caracterizada por dimensões absolutamente inacreditáveis. Uma irracionalidade que fomenta, eficazmente e permanentemente, o próprio processo de vulgarização das funções exercidas pela figura central do Poder Executivo.

Exemplo singelo deste processo de vulgarização está contido no *Decreto de 12.08.2011*, ato presidencial que "autoriza a Universidade Federal de Uberlândia a alienar o imóvel que menciona, localizado no Município de Uberlândia, Estado de Minas Gerais". Quando determinada universidade federal brasileira depende de ato discricionário da Presidente da República autorizando a alienação de um de seus imóveis, falar em autonomia das universidades públicas brasileiras não passa de uma falácia. Além da evidente vulgarização da função presidencial (transforma-se o Chefe de Estado em corretor de imóveis *de facto*), o conteúdo deste decreto confirma, mais uma vez, o gigantismo do rol de poderes da União e a absoluta irracionalidade dos métodos de governança do país.

Não seria o caso de transferir este poder, de uma vez por todas, para a esfera decisória das reitorias das universidades federais? Não é crível imaginar que assunto tão desimportante deva permanecer ocupando espaço no baú de preocupações institucionais do

---

219 VARGAS, G., & SOARES, L. (1995). *Diário 2 1937 – 1942*. São Paulo, Siciliano, p. 19.

Chefe de Estado. Eis, assim, a centralização em sua total plenitude; a centralização, robusta e vigorosa, no seu máximo mais insano: a *centralização banal*.

Mensurar os poderes excessivos da União, para os efeitos desta obra, diz respeito fundamentalmente à análise das inúmeras *competências privativas* que lhe foram atribuídas pela Carta Magna de 1988 (competências materiais e competências legislativas). Há que se ressalvar, ademais, que a questão não é meramente quantitativa, mas também qualitativa.[220] Preliminarmente, como bem ressaltado por P. Mohn (2010), a Constituição de 1967 (imediatamente anterior ao texto de 1988) agregava em seu artigo 8º as competências materiais e as competências legislativas da União.[221] A Carta Magna de 1988, de maneira diversa, categorizou estas competências em dois artigos específicos, a saber: as competências materiais em seu artigo 21 e as competências legislativas em seu artigo 22. O conjunto de poderes conferidos à União constitui matéria, por conseguinte, que passa pelo detalhamento minucioso da lei fundamental brasileira por intermédio da chamada *repartição constitucional de competências*. A técnica da repartição é justamente o meio pelo qual se definirão os conteúdos das esferas próprias de autonomia de todos os entes federados, inclusive das municipalidades no caso do sistema em vigor no Brasil desde 1988.

Para efeito de ilustração, e confirmação, deste extraordinário caleidoscópio de competências, seguem adiante as transcrições completas dos artigos 21 e 22, incluídos seus diversos incisos, os quais abarcam assuntos que vão da *manutenção de relações com Estados estrangeiros* à *emissão de moeda* e da *manutenção do serviço postal e do correio aéreo nacional* à *concessão de anistia* (artigo 21), e das *telecomunicações* às *populações indígenas* e dos *sistemas de consórcios e sorteios* às *atividades nucleares de qualquer natureza* (artigo 22), num universo absolutamente admirável de tarefas materiais e legislativas que beiram o próprio gigantismo de legiferação; ou, nas palavras precisas de M. G.

---

220 W. H. Riker enfatiza esta separação, ao destacar a distinção entre *número das áreas de ação* e *importância das áreas de ação*. In RIKER, W. H. *Op. cit.*, p. 7.

221 MOHN, P. *Op. cit.*, p. 221.

Ferreira Filho (1997), "insofismavelmente, a vastidão da competência da União, que não deixa muito para os Estados".[222]

A leitura pura e simples dos artigos 21 e 22 constitui indicação implacável da colossal magnitude da União no mapa federalista brasileiro, indicativo este que implica, igualmente, clara sinalização de indícios da diminuta participação dos Estados na *vida federal* da República Federativa do Brasil, além da virtual inexistência de autonomia real das municipalidades que integram o imenso território brasileiro.

Dispõe, de tal modo, o aludido artigo 21, *verbis*:

> Art. 21. Compete à União:
>
> I – manter relações com Estados estrangeiros e participar de organizações internacionais;
>
> II – declarar a guerra e celebrar a paz;
>
> III – assegurar a defesa nacional;
>
> IV – permitir, nos casos previstos em lei complementar, que forças estrangeiras transitem pelo território nacional ou nele permaneçam temporariamente;
>
> V – decretar o estado de sítio, o estado de defesa e a intervenção federal;
>
> VI – autorizar e fiscalizar a produção e o comércio de material bélico;
>
> VII – emitir moeda;
>
> VIII – administrar as reservas cambiais do País e fiscalizar as operações de natureza financeira, especialmente as de crédito, câmbio e capitalização, bem como as de seguros e de previdência privada;

[222] FERREIRA FILHO, M. G. (1997). *Comentários à Constituição brasileira de 1988*. Vol. I. São Paulo, Saraiva, p. 151.

IX – elaborar e executar planos nacionais e regionais de ordenação do território e de desenvolvimento econômico e social;

X – manter o serviço postal e o correio aéreo nacional;

XI – explorar, diretamente ou mediante autorização, concessão ou permissão, os serviços de telecomunicações, nos termos da lei, que disporá sobre a organização dos serviços, a criação de um órgão regulador e outros aspectos institucionais;

XII – explorar, diretamente ou mediante autorização, concessão ou permissão:

a) os serviços de radiodifusão sonora, e de sons e imagens;

b) os serviços e instalações de energia elétrica e o aproveitamento energético dos cursos de água, em articulação com os Estados onde se situam os potenciais hidroenergéticos;

c) a navegação aérea, aeroespacial e a infraestrutura aeroportuária;

d) os serviços de transporte ferroviário e aquaviário entre portos brasileiros e fronteiras nacionais, ou que transponham os limites de Estado ou Território;

e) os serviços de transporte rodoviário interestadual e internacional de passageiros;

f) os portos marítimos, fluviais e lacustres;

XIII – organizar e manter o Poder Judiciário, o Ministério Público do Distrito Federal e dos Territórios e a Defensoria Pública dos Territórios;

XIV – organizar e manter a polícia civil, a polícia militar e o corpo de bombeiros militar do Distrito Federal, bem como prestar assistência financeira ao Distrito Federal para a execução de serviços públicos, por meio de fundo próprio;

XV – organizar e manter os serviços oficiais de estatística, geografia, geologia e cartografia de âmbito nacional;

XVI – exercer a classificação, para efeito indicativo, de diversões públicas e de programas de rádio e televisão;

XVII – conceder anistia;

XVIII – planejar e promover a defesa permanente contra as calamidades públicas, especialmente as secas e as inundações;

XIX – instituir sistema nacional de gerenciamento de recursos hídricos e definir critérios de outorga de direitos de seu uso;

XX – instituir diretrizes para o desenvolvimento urbano, inclusive habitação, saneamento básico e transportes urbanos;

XXI – estabelecer princípios e diretrizes para o sistema nacional de viação;

XXII – executar os serviços de polícia marítima, aeroportuária e de fronteiras;

XXIII – explorar os serviços e instalações nucleares de qualquer natureza e exercer monopólio estatal sobre a pesquisa, a lavra, o enriquecimento e reprocessamento, a industrialização e o comércio de minérios nucleares e seus derivados, atendidos os seguintes princípios e condições:

a) toda atividade nuclear em território nacional somente será admitida para fins pacíficos e mediante aprovação do Congresso Nacional;

> b) sob regime de permissão, são autorizadas a comercialização e a utilização de radioisótopos para a pesquisa e usos médicos, agrícolas e industriais;
>
> c) sob regime de permissão, são autorizadas a produção, comercialização e utilização de radioisótopos de meia-vida igual ou inferior a duas horas;
>
> d) a responsabilidade civil por danos nucleares independe da existência de culpa;
>
> XXIV – organizar, manter e executar a inspeção do trabalho;
>
> XXV – estabelecer as áreas e as condições para o exercício da atividade de garimpagem, em forma associativa.

Por seu turno, dispõe o mencionado artigo 22, *verbis*:

> Art. 22. Compete privativamente à União legislar sobre:
>
> I – direito civil, comercial, penal, processual, eleitoral, agrário, marítimo, aeronáutico, espacial e do trabalho;
>
> II – desapropriação;
>
> III – requisições civis e militares, em caso de iminente perigo e em tempo de guerra;
>
> IV – águas, energia, informática, telecomunicações e radiodifusão;
>
> V – serviço postal;
>
> VI – sistema monetário e de medidas, títulos e garantias dos metais;
>
> VII – política de crédito, câmbio, seguros e transferência de valores;
>
> VIII – comércio exterior e interestadual;
>
> IX – diretrizes da política nacional de transportes;
>
> X – regime dos portos, navegação lacustre, fluvial, marítima, aérea e aeroespacial;

XI – trânsito e transporte;

XII – jazidas, minas, outros recursos minerais e metalurgia;

XIII – nacionalidade, cidadania e naturalização;

XIV – populações indígenas;

XV – emigração e imigração, entrada, extradição e expulsão de estrangeiros;

XVI – organização do sistema nacional de emprego e condições para o exercício de profissões;

XVII – organização judiciária, do Ministério Público do Distrito Federal e dos Territórios e da Defensoria Pública dos Territórios, bem como organização administrativa destes;

XVIII – sistema estatístico, sistema cartográfico e de geologia nacionais;

XIX – sistemas de poupança, captação e garantia da poupança popular;

XX – sistemas de consórcios e sorteios;

XXI – normas gerais de organização, efetivos, material bélico, garantias, convocação e mobilização das polícias militares e corpos de bombeiros militares;

XXII – competência da polícia federal e das polícias rodoviária e ferroviária federais;

XXIII – seguridade social;

XXIV – diretrizes e bases da educação nacional;

XXV – registros públicos;

XXVI – atividades nucleares de qualquer natureza;

XXVII – normas gerais de licitação e contratação, em todas as modalidades, para as administrações públicas

> diretas, autárquicas e fundacionais da União, Estados, Distrito Federal e Municípios (...);
>
> XXVIII - defesa territorial, defesa aeroespacial, defesa marítima, defesa civil e mobilização nacional;
>
> XXIX - propaganda comercial.

São precisamente 54 incisos - 25 para o artigo 21 e 29 para o artigo 22 -, muitos dos quais incluindo, em si mesmos, uma vasta miríade de matérias. Este arco largueado de competências privativas da autoridade central retrata com fidelidade crua a noção de *poderes excessivos da União*, fator de desequilíbrio do sistema federativo brasileiro na medida em que tal espectro coloca Estados (e Municípios) numa posição absolutamente subalterna no que se refere à administração governamental e à produção legislativa do aparelho estatal. Quando trata o texto constitucional, por exemplo, de conferir à União competência legislativa de caráter privativo no tocante à "defesa territorial, defesa aeroespacial, defesa marítima, defesa civil e mobilização nacional" (XXVIII do 22), não há ambiente para querelas; Hobbes, de certa forma, já o proclamara, em sua fórmula fundadora:

> Uma grande multidão institui a uma pessoa, mediante pactos recíprocos uns com os outros, para em nome de cada um como autora, poder usar a força e os recursos de todos, da maneira que considerar conveniente, para assegurar a paz e a defesa comum.[223]

A defesa do território será sempre tarefa do poder central em qualquer arranjo federalista.[224] Outros temas, tais como "naciona-

[223] HOBBES, Thomas. *Leviatã ou matéria, forma e poder de um estado eclesiástico e civil.* São Paulo: Martin Claret, 2001, p. 131.

[224] HAMILTON, A. *Federalist Paper nº 23*. In Carey, G. W. (2001). *The Federalist (The Gideon Edition)*, Edited with an Introduction, Reader's Guide, Constitutional Cross-reference, Index, and Glossary by George W. Carey and James McClellan. Indianapolis, Liberty Fund, p. 145.

lidade, cidadania e naturalização" (XIII do 22) e emigração e imigração, entrada, extradição e expulsão de estrangeiros (XV do 22), integram igualmente a órbita da União, na medida em que compreendem assuntos com repercussão junto à esfera da comunidade internacional, razão pela qual a produção legislativa vinculada aos tópicos mencionados deve estar associada ao Estado em sua perspectiva de soberania (e, portanto, unitária) no contexto da chamada ordem internacional. O problema do excesso de poderes conferidos à União, como já destacado anteriormente, é muito antigo, tendo a atual Carta Magna apenas tratado de reproduzir, em larga escala, uma convicção de grande parcela da sociedade brasileira, classe política incluída, segundo a qual é a União aquele ente apto a cuidar melhor de determinados temas que fazem parte da realidade brasileira. Essa convicção, cumpre ressaltar, não guarda grande teor de racionalidade: apenas reproduz-se por inércia ou mesmo por tradição.

Exemplo claro de tal convicção é a noção de que a União encontra-se habilitada a zelar pelas populações indígenas. Não está e nunca esteve. Estamos aqui diante de tema que deveria integrar a alçada dos Estados, entes geograficamente "reais" quando confrontados com a "ficção" representada pela União no que concerne ao elemento geográfico que orienta a própria existência das populações indígenas. Em outras palavras, as populações indígenas encontram-se instaladas em territórios que vão de norte a sul e de leste a oeste do país, o que implica dizer que os territórios indígenas, por definição, integram fragmentos menores da totalidade do território brasileiro, justamente os Estados. Simplesmente não é crível imaginar que a União consiga, de Brasília, exercer sua jurisdição de modo eficaz sobre populações indígenas que estão física e geograficamente descentralizadas, mesmo diante das inúmeras agências da Fundação Nacional do Índio (Funai)[225] espalhadas pelo Brasil. A crença de que

[225] Sobre a Funai: A Fundação Nacional do Índio - FUNAI é o órgão indigenista oficial do Estado brasileiro. Criada por meio da Lei nº 5.371, de 5 de dezembro de 1967, vinculada ao Ministério da Justiça, é a coordenadora e principal executora da política indigenista do Governo Federal. Sua missão institucional é proteger e promover os direitos dos povos indígenas no Brasil. Cabe à FUNAI promover estudos

a União detém capacidade para tal efeito é rigorosamente falsa, quimera, entre outras tantas, do legislador constituinte.

Aliás, tendo o constituinte classificado como bens da União "as terras tradicionalmente ocupadas pelos índios" (artigo 20, XI), justifica-se, tão somente por conta da conexão temática, aquela competência privativa (legislativa) de que trata o inciso XIV do artigo 22 da CF/88. Por conseguinte, sendo a União proprietária de tais terras, acharam por bem tutelar as vidas daqueles indivíduos que integram as populações indígenas do Brasil. "Sendo a vida do índio tutelada pela União"[226] (palavras extraídas da jurisprudência do STF), não constitui surpresa, ao final, a prodigiosa pretensão do poder central de que trata o artigo 231 do texto constitucional brasileiro:

> Art. 231. São reconhecidos aos índios sua organização social, costumes, línguas, crenças e tradições, e os direitos originários sobre as terras que tradicionalmente ocupam, competindo à União demarcá-las, proteger e fazer respeitar todos os seus bens.

Não há razão objetiva, seja esta antropológica, geográfica, social ou política, que possa sustentar a funcionalidade daquela competência embutida no inciso XIV do aludido artigo 22 (ou seja, consagrar à União competência privativa para legislar sobre "populações indígenas"). Em 23 de setembro de 1999, deu-se a publicação de uma lei federal no Brasil (Lei no 9.836), a qual instituiu o *Subsistema de Atenção à Saúde Indígena*, componente do Sistema Único de Saúde (federal), caso raro de documento legal que chama à participação Estados e Municípios para o tema das populações indígenas.

---

de identificação e delimitação, demarcação, regularização fundiária e registro das terras tradicionalmente ocupadas pelos povos indígenas, além de monitorar e fiscalizar as terras indígenas. A FUNAI também coordena e implementa as políticas de proteção aos povos isolados e recém-contatados" (fonte: http://goo.gl/YdTkup).

226 Supremo Tribunal Federal: RE 270379/MS – Mato Grosso do Sul, Recurso Extraordinário, Relator: Min. Maurício Corrêa, Julgamento: 17/04/2001, Órgão Julgador: Segunda Turma.

Dispõe o terceiro dispositivo desta lei que "caberá à União, com seus recursos próprios, financiar o Subsistema de Atenção à Saúde Indígena" (a questão sobre *quem paga a conta*), ao passo que o quinto comando da mesma lei estabelece que "os Estados, Municípios, outras instituições governamentais e não governamentais poderão atuar complementarmente no custeio e execução das ações" (a questão sobre Estados e Municípios em *posição subalterna*).

Percebe-se, deste modo, e a questão das populações indígenas revela-se mais que sintomática, quão alargadas são as garras da União. A própria decisão de atribuir aos Estados e aos Municípios atuação de caráter *complementar* sobre a matéria em causa confirma o sintoma dos poderes excessivos da União. O caso das populações indígenas é apenas mais um, entre vários, a sinalizar um sistema em desequilíbrio, justamente no que respeita à decisão política de atribuir aos Estados e aos Municípios funções meramente secundárias no tocante à gravíssima questão dos índios brasileiros, abrangidas situações envolvendo "insegurança alimentar grave"[227] em expressivas parcelas das mesmas populações indígenas. Este papel subalterno das unidades federadas, vale destacar, constitui objeto de reflexão copiosa de P. Bonavides (2000) em uma de suas principais obras. O autor fala sobre uma "crise do federalismo"[228] nos termos da seguinte síntese:

---

227 FÁVARO, T., RIBAS, D. L. B., ZORZATTO J. R., SEGALL-CORRÊA, A. M., & PANIGASSI, G. (2007). Segurança alimentar em famílias indígenas Teréna. *Cadernos de Saúde Pública*. 23, p. 790.

228 BONAVIDES, P. (2000). *Ciência política*. São Paulo, Malheiros, p. 243. Sobre esta "crise do federalismo", argumenta o autor que "a expansão industrial do século XX, o considerável alargamento das vias de comércio entre os Estados, o imenso progresso tecnológico de caráter unificador, a propagação das ideologias que apagam e crestam as variações do particularismo político, erigindo camadas maciças e uniformes de opinião, o consequente incremento da legislação social apaziguadora do conflito entre o trabalho e o capital e o excesso de dirigismo econômico se apresentam como fatores principais da transformação já operada. Tal transformação, sacrificando a competência efetiva dos Estados-membros, deixou quase revogada a lei da autonomia, fez do intervencionismo estatal necessidade indeclinável à subsistência mesma do Estado federal, tornou o poder central mais sensível e sujeito ao influxo maior da massa nacional dos cidadãos que ao influxo dos Estados-membros, colocou os Estados, em face da deficiência de seus recursos,

> Mas nos Estados federais mais antigos há efetivamente crise do federalismo, e essa crise enche de apreensões o velho sentimento federalista. Este se acha voltado mais para a conservação das bases jurídicas tradicionais do sistema, cerrando, pois, suas vistas a qualquer exame interpretativo dos fatores determinantes da mudança havida, a esta altura realmente irreversível.[229]

Necessário se faz destacar que esta apreciação de P. Bonavides, nomeadamente no segmento referente à "conservação das bases jurídicas tradicionais do sistema" (aspecto largamente destacado por C. D. Tarlton em *Symmetry and asymmetry as elements of federalism: a theoretical speculation*, especificamente no sentido de que a forma mais comum de análise do federalismo tem sido formal e legal[230]), encontra, ainda hoje, enorme e sólido respaldo da máxima instância do Poder Judiciário brasileiro. Isso ocorre precisamente quando cuida o STF de interpretar o texto constitucional vigente à luz de visões puramente estritas (*strict interpretation*) da norma vigente, inclusive em controvérsias envolvendo matéria de natureza federalista (no caso em tela, a temática indígena), diferentemente da tradição norte-americana das interpretações criativas (*creative interpretation*[231]) edificadas na esfera da US Supreme Court (e igualmente no domínio dos tribunais inferiores dos EUA). Em resumo, como bem vislumbrada por J. Stone (1946), aquela hipótese que eventualmente se faz

debaixo da servidão financeira do poder federal (de sorte que já não podem estes sobreviver fora das subvenções do erário da União) e desenvolveu em suma nos cidadãos mesmos certo sentimento de menoscabo ou de ruinosa indiferença às prerrogativas autonomistas das unidades componentes, o que, em algumas Federações, como o Brasil e os Estados Unidos, veio avolumar as correntes de opinião mais favoráveis aos interesses da União, identificados, portanto, com o interesse nacional, contraposto ao dos Estados, o qual se principiou a condenar por representativo de formas de egoísmo e particularismo".

229 BONAVIDES, P. *Op. cit.*, p. 243.

230 TARLTON, C. D. (1965). Symmetry and asymmetry as elements of federalism: a theoretical speculation. *The Journal of Politics*. 27, p. 862.

231 PONZETTO, G. A. M., & FERNANDEZ, P. A. (2008). Case law versus statute law: an evolutionary comparison. *Journal of Legal Studies*. 37 (2), p. 394.

presente na forma de oposição entre *avaliação criativa* e *aplicação mecânica*.[232]

Fragmento de ementa a seguir transcrita, proveniente do extenso acervo de decisões do STF, revela nitidamente a inclinação do tribunal para disseminar as chamadas *interpretações clarificadoras*[233] (as quais, neste caso específico relativo à competência da União em matéria indígena, não passam de leituras meramente literais da letra constitucional, diferentemente, vale repetir, das interpretações de exterioridade criativa). No caso em tela, limita-se o STF à solene proclamação do óbvio:[234]

> EMENTA: Ação direta de inconstitucionalidade. 2. Artigo 300 da Constituição do Estado do Pará que dispõe sobre populações indígenas e Lei Complementar estadual paraense no 31, de 14.2.1996, que institui o Conselho Estadual Indigenista (CONEI), destinado ao atendimento e promoção do índio. 3. Sustenta-se violação ao art. 22, XIV, da Constituição Federal, que estabelece competir privativamente à União legislar sobre "populações indígenas", bem assim ao art. 129, V, conjugado com o art. 231, ambos da Lei Maior. 4. Falta ao Estado-membro competência legislativa para dispor acerca de populações indígenas. A Constituição reserva essa competência legislativa à União, de forma privativa. Vício de inconstitucionalidade formal. (...).[235]

[232] STONE, J. (1946). *The Province and Function of Law*. Sydney: Associated General Publications, p. 189.

[233] DYEVRE, A., & JAKAB, A. (2013). Foreword: Understanding Constitutional Reasoning. *German Law Journal*. 14 (8), p. 992.

[234] Em sentido análogo, bem como em respaldo à aludida obviedade, W. H. Riker e sua crítica ao método tradicional de exame da divisão formal de competências fixada nos textos constitucionais de países que abraçaram a aposta federalista. RIKER, W. H. *Op. cit*., p. 51.

[235] ADI 1499 MC/PA – Pará, Medida Cautelar na Ação Direta de Inconstitucionalidade, Relator: Min. Néri da Silveira, Julgamento: 05/09/1996, Órgão Julgador: Tribunal Pleno.

Poder-se-ia argumentar que o STF nada fez além de interpretar literalmente a letra posta do texto constitucional vigente. Este é justamente o problema: no contexto de um ambiente de desequilíbrio federativo, decorrente da incidência de assimetrias de todos os tipos, poderia o tribunal constitucional buscar "soluções federativas" de forma a produzir elementos saneadores para a finalidade de equilibrar o sistema? Sim, poderia, mas não o faz. O apego incondicional à interpretação literal, no campo dos tribunais brasileiros, mereceria estudo em separado, mas é correto assegurar que esta inclinação, muitas vezes, acaba por fossilizar o sistema político na sua totalidade, inclusive no tocante ao arranjo federalista vigente. O problema dos poderes excessivos da União, em tempos passados e em tempos presentes, por sua vez, não constitui, em sentido próprio, problema atribuível ao Poder Judiciário.

O que aqui se coloca é que o STF, na condição de Tribunal da Federação, contribui pouco para equilibrar o sistema vigente, justamente naquelas oportunidades em que o tema é submetido ao crivo da corte. Daí porque a saída para os impasses federalistas no Brasil deva buscar caminhos diversos, nomeadamente por via de reformas do próprio texto constitucional (o que pressupõe um amplo, porém improvável, debate parlamentar), de maneira que determinadas competências fossem suprimidas da União e transferidas aos Estados e aos Municípios; ou seja, reformas no sentido de uma transformação qualitativa do sistema. Na verdade, esperar por um STF mais atuante em matéria de federalismo no Brasil é o mesmo que esperar por Godot. Em decisão já citada anteriormente (2013) envolvendo matéria de natureza federativa, o tribunal proclamou:

> A Constituição da República confere, ao Supremo Tribunal Federal, a posição eminente de Tribunal da Federação (CF, art. 102, I, "f"), atribuindo, a esta Corte, em tal condição institucional, o poder de dirimir controvérsias que, ao irromperem no seio do Estado Federal, culminam, perigosamente, por antagonizar as unidades que compõem a Federação. Essa magna função jurídico-institucional da Suprema Corte impõe-lhe o gravíssimo dever de velar pela intangibilidade do vínculo federativo e de zelar pelo equilíbrio harmonioso das

> relações políticas entre as pessoas estatais que integram a Federação brasileira.[236]

Ao asseverar que "essa magna função jurídico-institucional da Suprema Corte impõe-lhe o gravíssimo dever de velar pela intangibilidade do vínculo federativo e de zelar pelo equilíbrio harmonioso das relações políticas entre as pessoas estatais que integram a Federação brasileira", o tribunal fundamenta seu raciocínio amparado por uma premissa rigorosamente falsa. Não há, nem nunca houve, "equilíbrio harmonioso das relações políticas entre as pessoas estatais que integram" o sistema, razão pela qual não há que se falar em zelar por algo inexistente. Aqui reside a falsa premissa, corroborada justamente pela insistência brasileira, inclusive na esfera do STF, em ignorar os planos assimétricos que orientaram o federalismo brasileiro na origem e que orientam, ainda hoje, o sistema na sua totalidade. Daí a necessidade da inversão da premissa, a qual deve orientar-se pelo paradigma da assimetria. Ignorar a realidade assimétrica do federalismo no Brasil é um erro severo, erro que contamina a análise política do funcionamento do sistema.

No limite, interpretar o sistema federalista brasileiro à luz do princípio da igualdade dos entes federados (igualdade decorrente da autonomia conferida pelo próprio texto constitucional aos referidos entes) só é cabível sob o ponto de vista estritamente legal, o que certamente contribui pouco para qualquer exame fecundo na perspectiva política do tema. Isso não implica negar a valia dos argumentos formalistas e jurídicos, mas cabe reiterar que a natureza política dos "projetos federais"[237] revela-se largamente incompatível com exames pautados por argumentos de tal estirpe. Neste sentido, a crítica feroz de W. H. Riker (1964), para quem tais argumentos produzem "uma imagem altamente distorcida"[238] do relacionamento estabelecido entre as entidades federadas.

236 AC 3389 MC-Ref/PI – Piauí, Referendo na Medida Cautelar na Ação Cautelar, Relator: Min. Celso de Mello, Julgamento: 01/08/2013, Órgão Julgador: Tribunal Pleno.

237 FRIEDRICH, *Op. cit.*, p. 378.

238 RIKER, W. H. (1964). *Federalism: origin, operation, significance*. Boston, Little, Brown, p. 51.

Desde 1889, ano em que foi implantado o federalismo no Brasil, uma guerra[239] constante entre os entes federados é travada na atmosfera conturbada do arranjo federalista brasileiro: por exemplo, acrimoniosas disputas entre Estados envolvendo conflitos de natureza fiscal[240] e até mesmo controvérsias sobre o manejo de águas fluviais.[241] Ademais, o intricado conjunto de relações federativas adquiriu ares de gigantismo institucional de 1988 em diante por força da inclusão das municipalidades como entidades autônomas[242] do modelo federalista instituído naquele ano. Aliás, com relação aos Municípios, ressalte-se que tempo e espaço próprios ser-lhe-ão dedicados mais à frente, tendo em vista a verdadeira singularidade da matéria. Como bem observado por A. Silveira (2007), "o ineditismo da solução federal brasileira alimenta alguma controvérsia doutrinária sobre a natureza jurídica do Município."[243] Na mesma linha de pensamento, a lição insuperável e sempre atual de H. L. Meirelles (1989):

> O Município brasileiro é entidade estatal integrante da Federação. Essa integração é uma peculiaridade nossa, pois em nenhum outro Estado soberano se encontra o Município como peça do regime federativo, constitucionalmente reconhecida. Dessa posição singular do nosso Município é que resulta a sua autonomia político-administrativa, diversamente com o que ocorre nas demais Federações, em que os municípios são circunscrições meramente administrativas.[244]

Necessário enfatizar, contudo, que o problema do desequilíbrio federativo, marcado pelo excesso de poderes conferidos à

239 DULCI, O. S. (2002). Guerra fiscal, desenvolvimento desigual e relações federativas no Brasil. *Revista de Sociologia e Política*. 18, p. 95.

240 *O Estado de S. Paulo*, 04.03.14 (fonte: http://goo.gl/wcWzvu).

241 *O Estado de S. Paulo*, 22.03.14 (fonte: http://goo.gl/HsDU5W).

242 ROCHA, C. L. A. *Op. cit.*, p. 262.

243 SILVEIRA, A. *Op. cit.*, p. 30 (nota de rodapé 14).

244 MEIRELLES, H. L. (1989). *Direito Administrativo Brasileiro*. São Paulo, Revista dos Tribunais, p. 671.

autoridade central do sistema, não é um problema exclusivo do modelo brasileiro. Cumpre ressaltar que a questão é antiga e alcança outras federações.[245] Neste sentido, o alerta categórico de O. Trigueiro (1980), ao comentar a reforma constitucional de 1926 no Brasil (a qual visava alterar o texto da Constituição de 1891):

> O que se pretendia impor ao País não era o federalismo dos Estados Unidos ou da Suíça – em que a autonomia jamais foi objeto de contestação –, mas o federalismo do México e da Argentina, onde a frequente e tantas vezes abusiva intervenção do poder federal na vida dos Estados repudia na prática o regime federativo modelado nos textos legais.[246]

Aliás, sob o prisma do equilíbrio dos sistemas federalistas, o desafio que se coloca, seja do ponto de vista teórico (a questão sobre qual modelo teórico se ajusta melhor à determinada realidade), seja do ponto de vista concreto (a questão sobre qual tipo de governança se mostra mais eficaz), é saber que medida terá o campo de poderes e competências da aludida autoridade central, partindo-se da fórmula federalista clássica: por um lado, aos Estados, os poderes e as competências remanescentes; por outro lado, à União, os poderes e as competências enumeradas (independentemente da carta constitucional de matriz federalista em tela). Essa equação aplica-se, nos termos da Carta Magna vigente, ao caso brasileiro, como bem explicado por A. Moraes (2010)[247] em texto sobre as competências dos Estados no Brasil, mesmo tendo o constituinte inserido a municipalidade na disposição federalista consolidada em 1988. Deve-se realçar, ademais, que a questão sobre a divisão de poderes entre ente central e entes periféricos no domínio das experiências federalistas tem sido objeto de profundas reflexões na esfera acadêmica, inclusive nos EUA.

---

245 GOMES, L. *Op. cit.*, p. 26.

246 TRIGUEIRO, O. (1980). Direito constitucional estadual. Rio de Janeiro, Forense, p. 32.

247 MORAES, A. (2010). Federação brasileira: necessidade de fortalecimento das competências dos Estados-membros. *Revista Liberdade e Cidadania*. Ano II. 7, p. 15.

Em longo artigo sobre questões relacionadas à sobreposição de jurisdições no sistema federalista norte-americano, E. Ryan (2007), já de início, defende a posição segundo a qual necessário se faz remediar os problemas teóricos deixados sem solução pelo federalismo cooperativo, acrescentando ainda que, em última instância, as nações buscam no federalismo um meio para fomentar um conjunto de valores que, espera-se, possa ser projetado pelo próprio sistema federalista: valores como a preservação das liberdades individuais[248] e a promoção da diversidade e da competição associadas à autonomia local.[249] A referência às lacunas teóricas sem solução à luz do federalismo cooperativo merece especial atenção, na medida em que a CF/88 consagra, de forma clara e inequívoca, um "compromisso constitucional de cooperação", nas palavras de A. Silveira (2007).[250] A mesma autora assevera, por exemplo, que "a cooperação curiosamente avança na esfera das políticas públicas da saúde e da educação" (em decorrência do determinismo do texto de 1988), ao passo que, simultaneamente, há áreas em que os aspectos ativos de tal compromisso cooperativo "ainda carecem da concretização do legislador ordinário, isto é, não foram institucionalizadas pelo sistema político-jurídico".[251]

Em outras palavras, parece haver vinculação entre o alerta de E. Ryan (o federalismo cooperativo e suas brechas teóricas) e a assertiva de A. Silveira (o compromisso constitucional de cooperação e suas concretizações parciais), nomeadamente quando esta afirma, ainda, que a eficácia do aludido compromisso restringe-se aos

---

248 W. H. Riker nega, com veemência, qualquer relação de causalidade entre federalismo e liberdade. O autor vai além, afirmando que a asserção segundo a qual as formas federais são adotadas como meio garantidor da liberdade não passa de uma *falácia ideológica*. W. H. Riker menciona, inclusive, o Brasil, ao relatar a possibilidade de incidência de regimes ditatoriais mesmo quando vigentes estes ou aqueles modelos federalistas. Acrescenta o autor, ainda, ser objetivamente falsa a afirmação de que o federalismo preserva a liberdade. In RIKER, W. H. *Op. cit.*, p. 14.

249 RYAN, E. (2007). *Federalism and the Tug of War Within: Seeking Checks and Balance in the Interjurisdictional Gray Area. Maryland Law Review.* 66, p. 520.

250 SILVEIRA, A. (2007). *Cooperação e compromisso constitucional nos estados compostos: estudo sobre a teoria do federalismo e a organização jurídica dos sistemas federativos.* Coimbra, Almedina, p. 96.

251 SILVEIRA, A. *Op. cit.*, p. 96.

domínios específicos das políticas públicas associadas à saúde e à educação, algo muito preocupante quando consideradas a amplitude de interesses antagonísticos e a acumulação de demandas na esfera de uma sociedade (no significado de "povo organizado em instituições intermediárias"[252]) heterogênea como é o caso da brasileira. Neste sentido, a análise de A. Silveira:

> De qualquer forma, o certo é que exceptuadas as políticas públicas da saúde e educação, o sistema político-jurídico ainda não soube (ou não quis) concretizar a Constituição cooperativa. Ainda não foi concebido o instrumentário jurídico capaz de funcionalizar as opções constituintes, isto é, não há normas actualizadas tendentes a disciplinar e impulsionar a cooperação intergovernamental.[253]

Cumpre salientar que as duas autoras têm razão em suas respectivas análises. O que merece ser destacado, por outro lado, é que o regime de cooperação, seja sob o ponto de vista teórico, seja sob a perspectiva da concretização de políticas públicas, apresenta incontáveis limitações de ordem institucional, no sentido de que determinadas competências, por força particular de seus conteúdos, simplesmente não são (e nunca serão) passíveis de nenhum tipo de cooperação de ordem interna. É o caso, por exemplo, dos comandos embutidos nos incisos I e II do artigo 21 ("manter relações com Estados estrangeiros e participar de organizações internacionais" e "declarar a guerra e celebrar a paz"), determinações *naturalmente* vinculadas à autoridade central de qualquer modelo federalista.

Em sentido diverso, nomeadamente no contexto específico do federalismo brasileiro e de sua desequilibrada divisão de poderes, um regime de cooperação encontrará barreiras até mesmo intransponíveis quando confrontado com o extenso arcabouço de competências que fornece o conteúdo da equação federalista vigente, justamente em razão

---

252 CHACON, V. (1977). *Estado e povo no Brasil: as experiências do Estado Novo e da democracia populista, 1937-1964*. Rio de Janeiro, Livraria J. Olympio Editora, p. 239.

253 SILVEIRA, A. *Op. cit.*, p. 96.

do excesso de poderes conferidos ao ente central do sistema; ou seja, à União. Assim, quando esta mesma União recebe, por força do que impõe o texto constitucional, um acervo gigantesco de competências privativas, a lógica da cooperação fica substancialmente comprometida, precisamente em razão do caráter privativo de tais competências.

Há uma relação de causa e efeito circular: quanto maior o acervo de poderes para a União, menor o acervo de poderes para os demais entes federados; a recíproca é verdadeira e abona a circularidade da causalidade em questão: quanto menor o estoque de poderes conferidos às autoridades periféricas, maior o estoque de poderes conferidos à autoridade central do sistema. Esta atmosfera federalista distorcida pode ser ilustrada, por exemplo, mediante o exame da competência legislativa privativa de que trata o inciso X do artigo 22 da CF/88 ("regime dos portos, navegação lacustre, fluvial, marítima, aérea e aeroespacial"), norma que afasta por completo Estados e Municípios da esfera legislativa aqui mencionada.

Legislar privativamente sobre o aludido regime portuário e sobre as citadas espécies de navegação é o indício cabal do delírio centralizador perpetrado pelo legislador constituinte. Relevante notar que a composição atual do mencionado inciso preservou, na forma e na substância, sua redação original, o que implica dizer que desde 1988 jamais vingou, no domínio do parlamento brasileiro, decisão tendente a modificar, via emenda constitucional, o conteúdo deste inciso (e de outros tantos de claro viés centralizador), cujo teor avaliza a vocação centralizadora da União em matéria legislativa. Não seria esta uma competência legislativa atribuível diretamente aos Estados, tendo em vista, uma vez mais, a dimensão territorial do Brasil e as peculiaridades regionais? Não estariam os Estados em melhor posição para legislar sobre este assunto? Por conta das especificidades geográficas dos Estados, não seria o caso de atribuir às unidades federativas esta competência legislativa? E o que dizer das municipalidades que hospedam os portos? Não poderiam os Municípios legislar, mesmo que parcialmente, sobre matéria portuária? Não seria esta questão categoria típica de competência compartilhada? Perguntas mínimas num quadro federalista de distorções máximas.

O que resta claro, aqui como em outras hipóteses, é o papel meramente secundário (ou mesmo inexistente) dos Estados no arranjo federalista construído em 1988. O mesmo raciocínio serve para o papel dos Municípios. Necessário enfatizar ser absolutamente insustentável a convicção de que o tema legislativo abarcado pelo inciso X do aludido artigo 22 possa merecer *status* privativo na esfera da entidade central do sistema.[254] Constitui o conteúdo deste inciso mais um exemplo da sanha da União, à exaustão sobrecarregada do ponto de vista legislativo. Importante ressaltar, ademais, que esta competência legislativa está diretamente vinculada ao poder material de que trata o artigo 21 (XII, "f") da CF/88, o qual estabelece pertencer à União a competência para explorar, por via direta ("ou mediante autorização, concessão ou permissão"), "os portos marítimos, fluviais e lacustres". Por um lado, há neste caso, tão somente, *congruência de redações* entre a competência material do artigo 21 e a competência legislativa do artigo 22, na medida em que os dois dispositivos versam sobre matérias conexas do ponto de vista temático.

Existe, por outro lado, um paradoxo fenomenal especificamente no tocante à regra do artigo 21 (XII, *f*) do texto constitucional, a saber: se a competência para explorar "os portos marítimos, fluviais e lacustres" foi alçada à condição de competência privativa material da União, qual o sentido, por conseguinte, da expressão "ou mediante autorização, concessão ou permissão"? Estamos diante, agora, de uma *incongruência de razões*: se os redatores da Carta Magna de 1988 optaram por conferir à União a competência, privativa, para explorar portos, por que incluíram na regra em causa (artigo 21, XII, *f*) as possiblidades de autorização, concessão ou permissão para terceiros?[255] A esquizofrenia decisória do constituinte é patente

---

254 Há o parágrafo único do artigo 22 que dispõe, *verbis*: "Lei complementar poderá autorizar os Estados a legislar sobre questões específicas das matérias relacionadas neste artigo". Esse parágrafo não resolve o problema sob análise, pois a competência de que trata o 22 tem caráter privativo em favor da União; a redação desse parágrafo único não passa de remédio ineficaz para a patologia dos poderes excessivos da União. No máximo, uma atenuante na forma tentada.

255 A síntese de L. H. D. S. OLIVEIRA (2011) é didática: "Desse modo, a exploração de portos pode ser vista como um serviço público de competência privativa da União, a qual pode: realizá-lo diretamente, por meio de seus órgãos; atribuí-lo

sinal do modo maroto de pensar do legislador brasileiro: a técnica imperfeita por plena convicção, a gambiarra como método. A regra, na forma em que foi colocada, é indicativa, ademais, da dúvida do constituinte sobre como alocar a competência em causa. Ao fim, como sempre, *a construção da solução cordial.*

Se o constituinte estivesse diante de um impasse, ou até mesmo diante da contingência de defrontar-se com dúvida atroz sobre o tema da competência exploratória relacionada ao regime portuário, poderia por bem ter enquadrado tal poder material como peça da engenharia das *competências compartilhadas*, pois o texto constitucional brasileiro tem disposições específicas para tal finalidade: são elas precisamente o artigo 23[256] (*competência material comum*) e o artigo 24[257] (*competência legislativa concorrente*). Não o fez e optou

---

a entidades da sua Administração indireta; ou, ainda, delegá-lo a terceiros, por meio dos mecanismos de autorização, concessão ou permissão". In OLIVEIRA, L. H. D. S. (2011). *Requisitos de legitimidade para a exploração dos terminais portuários privativos de uso misto no Brasil.* Brasília, Tribunal de Contas da União, Instituto Serzedello Corrêa, p. 5.

256 O artigo 23 também tem seu parágrafo único: "Leis complementares fixarão normas para a cooperação entre a União e os Estados, o Distrito Federal e os Municípios, tendo em vista o equilíbrio do desenvolvimento e do bem-estar em âmbito nacional". A redação desse parágrafo cuida justamente da hipótese de cooperação no caso da competência material comum.

257 O artigo 24, por seu turno, tem quatro parágrafos, a saber:

"§ 1º No âmbito da legislação concorrente, a competência da União limitar-se-á a estabelecer normas gerais";

"§ 2º A competência da União para legislar sobre normas gerais não exclui a competência suplementar dos Estados";

"§ 3º Inexistindo lei federal sobre normas gerais, os Estados exercerão a competência legislativa plena, para atender a suas peculiaridades";

"§ 4º A superveniência de lei federal sobre normas gerais suspende a eficácia da lei estadual, no que lhe for contrário".

Esses parágrafos transcritos ditam regras relacionadas à aplicabilidade da competência legislativa concorrente. Da simples leitura (exceção à regra, o § 3º) dos aludidos dispositivos, percebe-se a supremacia legislativa quase absoluta da União, sintoma revelador do excesso de poderes do entre central do sistema federalista vigente, inclusive em matéria de competências compartilhadas.

por uma solução ladina, quase como confissão de culpa por não colocar a competência da exploração portuária nas mãos dos Estados ou mesmo dos Municípios. Ao fim, foi a União contemplada novamente com mais uma competência privativa.

A realidade brasileira demonstra, e confirma cabalmente, o tamanho da lacuna a separar esta competência material da capacidade real da União (não seria mais exato dizer incapacidade da União?[258]) para executar a mencionada tarefa. Pesquisa elaborada pela Confederação Nacional do Transporte (CNT) retrata bem tal lacuna, nomeadamente no que diz respeito à péssima infraestrutura portuária brasileira. A CNT é taxativa: "Para aumentar a competitividade entre os portos, diferenciais como facilidade de acesso, maior capacidade operacional e disponibilidade para atracação são essenciais. Contudo, a deficiente infraestrutura portuária atual consiste em um dos maiores entraves para a expansão do transporte marítimo, comprometendo a produtividade dos portos brasileiros e o potencial do setor, além de representar um obstáculo ao crescimento das exportações e importações".[259]

A aludida lacuna parece confirmar outro alerta; ou melhor, abonar uma constatação trazida à luz por C. Offe (1984) no contexto de seus estudos sobre o problema da ingovernabilidade: a existência de "uma carga de expectativas, obrigações e responsabilidades em constante crescimento, com a qual o governo se vê confrontado e à qual não pode escapar"[260] (ou "a avalanche das exigências"[261] segundo

[258] Acrescentem-se, à enorme incapacidade da União, a incompetência e a inoperância do governo de plantão: "O caso dos portos reproduz a maneira voluntariosa, desarticulada, incompleta e ineficiente como o governo Dilma trata os programas de infraestrutura, com prejuízos para a economia nacional. Talvez seja mais dramático por causa das imensas expectativas geradas pelo anúncio tardio das medidas para destravar os investimentos privados num setor crucial para o comércio exterior e cuja deterioração é notória". *O Estado de S. Paulo*, 05.04.14 (fonte: http://goo.gl/snxdPd).

[259] *Pesquisa CNT do Transporte Marítimo 2012*, p. 193.

[260] OFFE, C. (1984). *Problemas estruturais do estado capitalista.* Rio de Janeiro, Tempo Brasileiro, p. 238.

[261] OFFE, C. *Op. cit.*, p. 239.

as palavras do mesmo autor). O exame de C. Offe diz respeito, cumpre ressaltar, à "hipertrofia dos direitos sociais e democráticos assegurados pelo Estado social"[262]: ajusta-se, por isso mesmo, como luva de veludo sobre os tentáculos da hipertrofia de *competências privativas* da União. Uma hipertrofia previsível, uma carga pesada, uma avalanche de afazeres insupríveis. Em síntese, uma União inepta, sufocada pelo excesso de poderes que foram outorgados pelas divisões de poder cristalizadas nos termos do que preconiza o texto constitucional brasileiro de 1988.

Mesmo tratando o supramencionado autor de problema diverso daquele analisado nesta obra, o *diagnóstico*[263] de C. Offe é decisivo: há determinados cenários em que o excesso de poderes (sejam estes sacramentados por meio de direitos, seja por intermédio de competências) inviabiliza por completo a performance estatal correspondente. É o nítido caso do excesso de *competências privativas* da União: materiais e legislativas. A questão portuária é apenas mais uma entre inúmeras matérias que atestam a completa "ineficiência funcional"[264] da União no que diz respeito a determinadas atribuições que lhe foram conferidas pelo constituinte brasileiro naquela segunda metade da década de 1980.

Não estamos diante apenas da revelação de um problema meramente quantitativo (número de competências) iluminado pela realidade brasileira; estamos diante, há que se realçar sempre, de um problema fundamentalmente qualitativo, no sentido de que os conteúdos dos poderes atribuídos à autoridade central do sistema federalista vigente revelam-se, muitas vezes, incompatíveis com a própria capacidade administrativa da União em executar uma quantidade tão exagerada de tarefas; ou, o que é mais grave, incompatíveis com o próprio sentido funcional da União num arranjo de desenho federalista. O impacto desta "ineficiência funcional" mencionada por C. Offe, no caso brasileiro, tem traços de calamidade administrativa.

---

262 OFFE, C. *Op. cit.*, p. 238-9.

263 OFFE, C. *Op. cit.*, p. 238 (C. Offe e seu tripé metodológico incluem o *diagnóstico*, o *prognóstico* e a *terapia*).

264 OFFE, C. *Op. cit.*, p. 262.

Como bem observado por W. H. Riker (1964), mensurar o espectro das áreas de ação designadas à autoridade central e às autoridades periféricas dos países que adotam a solução federalista é crucial para a apreciação da eficácia, ou ineficácia, dos modelos construídos em razão desta espécie de solução. Esta medição, salienta W. H. Riker, tem por escopo aferir justamente o grau de centralização desta ou daquela arrumação federalista. Acrescenta o autor, ademais, que uma das variáveis que exercem influência direta sobre o alcance de centralização é precisamente o tipo de atribuição de responsabilidade administrativa conferida aos dois níveis de governo (entendimento que confirma, uma vez mais, ser o tema da divisão de poder no federalismo uma questão também de ordem qualitativa). Esta variável será determinada, por exemplo, por meio da tradição ou por intermédio da conveniência administrativa, conforme observação do supramencionado autor.[265]

2.1.2 Frágil autonomia dos Estados

A noção de frágil autonomia dos Estados decorre, em linhas gerais, de duas premissas: uma segundo a qual a União detém demasiados poderes, sejam estes traduzidos por meio das competências materiais, seja por intermédio das competências legislativas (premissa quantitativa, amplamente demonstrável pelo exame da divisão das competências consignadas no texto constitucional de 1988); outra segundo a qual determinadas competências privativas da União não deveriam exibir tal *status* (o que implica dizer que deveriam pertencer ao domínio próprio dos Estados e, eventualmente, ao campo específico dos Municípios). Esta última premissa (ao contrário daquela primeira) não é mensurável numericamente em razão de seu traço qualitativo, o que obviamente não impede sejam feitas as correspondentes alegações para sustentar a sua veracidade. Neste sentido, é válido argumentar, por exemplo, sem adentrarmos no mérito da justiça distributiva da divisão de poderes da CF/88, que uma dada quantidade (ψ) de competências atribuídas à União implicará forçosamente impacto sobre a qualidade (η) do desempenho dos Estados.

265 RIKER, W. H. *Op. cit.*, p. 135.

Vejamos uma hipótese simples: diminuir a carga ψ significaria alterar a qualidade η (mesmo que η não receba linearmente os elementos subtraídos de ψ).

A argumentação aqui segue, em linhas gerais, a lição de L. Kolakowski (2005) no tocante à transição da quantidade à qualidade e vice-versa, precisamente uma das três leis da dialética.[266] Ainda ao amparo do texto do mesmo autor, uma relação contingente desta espécie, entre União e Estados, estaria a sinalizar uma *diferença qualitativa decorrente de uma mudança quantitativa.*[267] Em sentido análogo, pondera J. W. Yolton (1996) que "as qualidades de objetos são alteradas pela adição de novas"[268] (argumento que ratifica a incidência de impactos qualitativos decorrentes de alterações quantitativas). Em síntese, num cenário (sabidamente improvável tendo em vista o histórico de concentração de poderes na esfera central do sistema) caracterizado pela diminuição das competências da União, com a respectiva passagem das competências subtraídas da entidade central para os entes periféricos (Estados e eventualmente Municípios), independentemente do volume de tal transferência, teríamos como resultante inexorável desta mudança uma alteração não apenas quantitativa (aumento do número de competências das componentes periféricas), mas uma modificação igualmente qualitativa, no sentido de que tal redistribuição dos vetores de poder implicaria transformação dos próprios conteúdos de autonomia dos citados entes federados, nomeadamente os Estados. Num cenário hipotético deste tipo, a autonomia consagrada às entidades estaduais em 1988 haveria de adquirir, potencialmente, a condição de uma autonomia ao mesmo tempo mais substancial e mais duradoura, num processo tendente a superar aquela autonomia puramente formal enraizada no texto constitucional vigente.

Todavia, há que se resgatar, mesmo que tangencialmente, uma questão antecedente à circunstância concreta pautada pela fragilidade dos Estados brasileiros no tocante à autonomia destes entes

[266] KOŁAKOWSKI, L., & FALLA, P. S. (2005). *Main currents of Marxism: the founders, the golden age, the breakdown*. New York, W.W. Norton & Company, p. 318.

[267] KOŁAKOWSKI, L., & FALLA, P. S. *Op. cit.*, p. 319.

[268] YOLTON, J. W. (1996). *Dicionário Locke*. Rio de Janeiro, J. Zahar, p. 192.

federados. Uma questão, aliás, capital: *Em que consiste a autonomia*? Esta é uma palavra conjugada em todas as formas pela classe política brasileira, seja por meio dos textos legais (Constituição Federal inclusive), seja por intermédio dos discursos dos agentes públicos (incluído neste caso o amplo rol de legisladores, executores e julgadores). Na esfera dos três poderes - Legislativo, Executivo e Judiciário –, a autonomia das autoridades periféricas é enaltecida e elevada à condição de verdade absoluta, uma premissa praticamente inabalável, uma proposição inquestionável, mesmo diante de inúmeros indicadores que sinalizam a existência de um sistema federalista em permanente disfunção, notadamente no que tange à matéria do excesso de poderes para a União em detrimento dos demais domínios que integram o arquétipo federalista vigente.

No caso do federalismo brasileiro, pode-se dizer que há em curso uma circularidade causal: a frágil autonomia dos Estados é causada, mesmo que parcialmente, por um sistema federalista em desequilíbrio; a recíproca é verdadeira e consagra a relação de causalidade do tipo circular: o desequilíbrio do sistema federalista vigente é causado, ainda que de forma parcial, pela situação de fragilidade que caracteriza a autonomia dos entes estaduais. Esta combinação circular não é, por óbvio, um problema normativo, mas fundamentalmente um problema político no sentido mais amplo do termo, na medida em que as normas constitucionais de 1988 que alocaram as competências não são, em si mesmas, causas das distorções do sistema. As causas mais remotas que desequilibram o sistema federalista brasileiro dizem respeito, por exemplo, às decisões que culminaram com o modelo de divisão de poderes consagrado na forma da cartografia constitucional de distribuição destas mesmas competências, algo distinto do debate sobre os conteúdos específicos destas ou daquelas normas atreladas à aludida divisão de poderes; não há que se confundir, desta maneira, a norma propriamente dita (no tocante ao seu conteúdo) com o vínculo desta norma com esta ou aquela entidade da federação (um problema de escolha).

A complexa questão da frágil autonomia dos entes estaduais brasileiros deve ser compreendida, continuamente, no contexto da dicotomia envolvendo União e Estados, pois, em última instância, qualquer acomodamento federalista, por definição, haverá de assentar poder central e poderes periféricos numa posição de antagonismo ("tensão motora"[269]), inclusive no tocante ao aspecto meramente mecânico de tal posicionamento. Antagonismo, aqui, não como elemento indicador de uma acepção colidente; em outros termos, antagonismo não no contexto dos enfrentamentos (embora enfrentamentos possam ocorrer, como em realidade ocorrem), uma vez que União e Estados não integram "uma estrutura de jogo de soma zero"[270] (seja esta ou aquela a federação sob exame), pois, ao fim, a solução federalista sempre buscará, entre outras metas ideais, a manutenção permanente da unidade do sistema (combinada com a diversidade das componentes), independentemente dos níveis de desequilíbrio em causa. Em outras palavras, tal antagonismo revela (ou deveria revelar), em cenários de ajustamento federalista, um caráter de verdadeira complementaridade, sem prejuízo da ocorrência de distorções e desequilíbrios comuns a qualquer tipo de sistema.

Ademais, se considerarmos a presença das municipalidades no exótico tempero federalista brasileiro, fator que por si só constitui causa desestabilizadora do sistema, na medida em que anula, sob qualquer ponto de vista, o equilíbrio binário do federalismo clássico, não há que se discorrer sobre a incidência de panorama ortodoxo de contradições norteado por uma relação dual de forças opostas do tipo θ *versus* ϕ, na medida em que temos, no caso específico do Brasil, uma federação de traço triangular, armação institucional montada constitucionalmente por três vetores de poder sob o manto do somatório *União + Estados + Municípios*. Em outros termos, tendo em vista especificamente a geometria triangular traçada em 1988, as contradições do federalismo brasileiro superam, em larga escala, as contradições inerentes aos modelos federalistas tradicionais, na medida em que a questão posta constitui fundamentalmente problema de natureza estrutural.

---

269 SOROMENHO-MARQUES, V. (2011). *Tópicos de filosofia e ciência politica: federalismo: das raízes americanas aos dilemas europeus*. Lisboa, Esfera do Caos, p. 25.

270 BOUDON, R., & BOURRICAUD, F. *Op. cit.*, p. 157.

O leque de tintas da pintura federativa definida em 1988 haveria de incluir o extravagante pigmento municipal, informação já enfatizada ao longo do texto justamente em razão de tamanha singularidade. Vale destacar que esta inclusão também contribuiu para enfraquecer substancialmente a posição dos Estados frente à União. Em razão do modelo fixado pelos legisladores da Carta Magna de 1988, caracterizado pela presença verdadeiramente insólita de peça federativa incomum (o Município) no sistema, restou enormemente afetado o peso relativo dos Estados na balança de poder da arquitetura federalista brasileira. Mais à frente haveremos de discorrer, com os pormenores devidos, sobre a questão municipal à luz da CF/88, principalmente sobre o tema relacionado à autonomia (ou falta dela) destas entidades na equação federalista em vigor no Brasil.

Falta-nos, contudo, encarar aquela pergunta sobre a autonomia dos entes federados. De tal modo, uma vez mais, cabe indagar: *em que consiste a autonomia*? Em termos absolutamente realistas, essa pergunta só faz algum sentido, no caso brasileiro, para a alçada de Estados e Municípios. Desta maneira, face à gigantesca carga de competências atribuídas à União em 1988, não é crível imaginar o poder central do Brasil com algum tipo de carência ou debilidade de poder tendo em vista, justamente, o fardo de competências (ou seja, autonomia em concreto) que lhe foi outorgado pelo texto constitucional, competências estas legislativas, administrativas ou mesmo tributárias. Ao contrário: a União, no Brasil, sob qualquer ponto de vista, sofre de um gigantismo institucional, fator que por si só coloca todo o arranjo federalista em situação de desequilíbrio. Um dos sintomas de tal desequilíbrio diz respeito ao tema da autonomia fiscal dos entes federados. A questão, antiga, é intricada para dizer-se o mínimo, envolve múltiplos interesses políticos e econômicos das esferas públicas e privadas, produz controvérsias incessantes e, ao fim, o peso da União na balança (fiscal) da federação assume o seu traço de virtual inamovibilidade. Relevante, por conseguinte, a análise do tema sob o ponto de vista específico de um de alto gestor público (Secretário da Fazenda do Estado da Bahia):

> O federalismo fiscal cooperativo compensa, em parte, o desequilíbrio na arrecadação dos tributos, mas, na prática, o poder de tributar e de realizar políticas fiscais continua demasiadamente concentrado no governo central.[271]

Entre o aspecto teórico do modelo ("federalismo fiscal cooperativo") e a realidade cotidiana do sistema ("na prática, o poder de tributar e realizar políticas fiscais continuam demasiadamente concentrados no governo central"), há o vencedor e os vencidos de sempre. O diagnóstico formulado pelo aludido gestor é implacável ao confirmar aquele gigantismo da União (inclusive em matéria fiscal). A autonomia dos Estados, neste quadro permanente de concentração tributária na esfera do poder central, se apequena, na exata medida em que o poder de tributar da União se agiganta. Não há autonomia sustentável à base de comandos constitucionais abstratos. Entes federados desprovidos de recursos financeiros oriundos da arrecadação de tributos não gozam de real autonomia e não passam de promessa.

No Brasil, é importante lembrar, nos termos previstos no texto da Lei Fundamental de 1988, União, Estados, Distrito Federal e Municípios detêm o poder de tributar. Entretanto, mais de metade dos recursos arrecadados no país via tributação destina-se aos cofres da União. O próprio governo federal reconhece a existência do problema ao afirmar, por intermédio do *Tesouro Nacional*, que "fatores de natureza estrutural" contribuem para explicar a "raiz do desequilíbrio fiscal" do sistema tributário vigente.[272] Por "fatores de natureza estrutural", entendam-se, por exemplo, as lacunas existentes no tocante à capacidade produtiva dos Estados. O cenário fiscal brasileiro assemelha-se à tragédia dos naufrágios, com as unidades estaduais na ingrata posição dos marinheiros que morrem abraçados no afogamento causado pelo peso da autoridade central na embarcação federativa. Neste panorama de navegação fiscal imprudente, salvar-se-á, sempre, a União, por

---

[271] SANTANA, C. M. M. D. (2012). in *Reforma tributária: competitividade, equidade e equilíbrio federativo* / organizador Cláudio Puty [recurso eletrônico]. – Brasília: Câmara dos Deputados, Edições Câmara, 2012, p. 24.

[272] http://www3.tesouro.fazenda.gov.br/estados_municipios

ironia a capitã da nau federalista vascolejadora, desequilibrada à proa e à popa por força da gigantez atordoada do poder central.

Um dos meios possíveis para que se possa compreender o desequilíbrio do sistema federalista brasileiro é precisamente reconhecer que este sistema tem, à partida, arranjo em que as componentes do engenho operam, entre si, sob os efeitos constantes de uma desarmonia ao mesmo tempo quantitativa e qualitativa, com Estados numa posição não apenas periférica, mas designadamente subalterna em relação à União. Em outras palavras, o tamanho e a intensidade das autonomias em jogo, bem como os modos pelos quais estas autonomias se afinam (leia-se: as relações concretas entre entes federados), constituem em última instância o segredo para o sucesso, ou fracasso, do funcionamento do modelo federalista consolidado em 1988. Se fosse possível estabelecer, por meio de uma única palavra, o conceito de autonomia, *capacidade* seria tal palavra. Em fecunda obra sobre o tema da autonomia dos entes federativos no Brasil na perspectiva do Direito Constitucional, R. M. Horta (1964) conceitua a autonomia nos seguintes termos:

> A autonomia é, portanto, a revelação de capacidade para expedir as normas que organizam, preenchem e desenvolvem o ordenamento jurídico dos entes públicos. Essas normas variam na qualidade, na quantidade, na hierarquia e podem ser, materialmente, normas estatutárias, normas legislativas e normas constitucionais, segundo a estrutura e as peculiaridades da ordem jurídica.[273]

O conceito de R. M. Horta (1964), como resta evidente, abarca uma concepção puramente normativa da autonomia das componentes federadas. Não poderia ser diferente a visão do jurista das Minas Gerais, afinal de contas preocupado estava em enquadrar a autonomia nos limites severos e formais do Direito Constitucional. O aludido conceito, é verdade, responde àquela pergunta, mas apenas e tão

273 HORTA, R. M. (1964). *A autonomia do estado-membro no direito constitucional brasileiro.* Belo Horizonte, Universidade de Minas Gerais, p. 17.

somente de maneira parcial. Em termos políticos, porém, a definição de autonomia, no contexto do federalismo, supera a acepção jurídica do termo, mas por certo não ignora aquela "capacidade para expedir normas" mencionada por R. M. Horta em sua pertinente apreciação. Mesmo num sentido político e, por conseguinte, num sentido mais abrangente e compreensivo do que a noção rigorosa das ciências jurídicas, a autonomia não pode desprezar, sob nenhuma hipótese, tal capacidade normativa. Neste sentido, podemos tomar a "capacidade para expedir normas" como ponto de partida para a definição política do termo. Ponto de partida, aliás, longe de ser arbitrário, se consideramos ser a carta constitucional sob exame o marco inicial das análises até aqui formuladas. Politicamente, portanto, a autonomia dos entes federados, em qualquer arranjo federalista, haverá de abarcar uma multiplicidade de capacidades, inclusive a normativa. Impossível, por exemplo, compreender o significado de autonomia quando desconsiderada a capacidade tributária das componentes federadas.

No caso brasileiro, pelas razões aqui expostas, a frágil autonomia dos Estados decorre, em síntese, do gigantismo da União. Gigantismo que se manifesta por meio de inúmeras vertentes, as quais, somadas, dão à União o seu traço de *monstro político federativo*, restando aos Estados migalhas franqueadas pelo texto constitucional. O raciocínio relacionado às razões da frágil autonomia dos Estados vale, em larga escala, para os Municípios. Entretanto, considerada a clássica fórmula federalista, orientada pela combinação binária de União e Estados, arrazoar sobre o papel do Município no desenho federalista brasileiro supera por completo a dimensão puramente geométrica do dado. O Município, como ente federado no Brasil, não pode ser analisado, no contexto dos estudos sobre o federalismo, como coisa em si. Merece, assim, análise própria condizente com seu *status* de unidade autônoma do sistema federalista em vigor.

2.1.3 Artificial autonomia dos Municípios

O Município no Brasil, diferentemente da União e dos Estados, é uma realidade verdadeiramente concreta no sentido geográfico do termo. Como fração mais diminuta do amplo território brasileiro, é no Município que o homem comum trabalha, alimenta-se, adoece, busca a cura. O Município, comumente chamado no Brasil de *cidade*, constitui, para todos os efeitos, inclusive antropológicos, aquela realidade humana que confere ao cidadão a condição singular de membro de determinada comunidade. No Município encontrará o sujeito sua escola, sua igreja, sua farmácia, sua polícia, seus promotores e seus juízes de plantão. É o Município o berço físico do indivíduo, sua primeira referência espacial num país de dimensões continentais como o Brasil.

Para os efeitos desta obra, dar-se-á ênfase à temática municipal no contexto da posição ocupada pelo Município no arranjo federalista brasileiro definido pelo texto da CF/88. Em outras palavras, realçar-se-á a condição singular das municipalidades brasileiras, transformadas em "pessoa da federação" em 1988, experiência constitucional verdadeiramente peculiar, para se dizer o mínimo. Isto posto, à guisa de nota introdutória, a lição de C. L. A. Rocha (1997):

> No Brasil, o Município é uma pessoa jurídica de direito público interno, constitucionalmente definida como pessoa da federação, dotada de autonomia política e administrativa. Do princípio constitucional da autonomia política municipal, decorre a condição de deter essa entidade federada estrutura sociopolítica própria e condições financeiras suficientes à realização de objetivos locais consoantes com os princípios constitucionais positivados no sistema jurídico.[274]

O fragmento em tela constitui lição abreviada sobre o significado do Município à luz do texto constitucional vigente. Estamos diante, cumpre destacar, de significado formal, o qual compreende um ou outro elemento substantivo, tal como a informação de que esta pessoa jurídica detém uma autonomia ao mesmo tempo política e administrativa. Daí o problema que encastela, em grande medida, o debate sobre a municipalidade como ente federativo. O que não está em causa

[274] ROCHA, C. L. A. *Op. cit.*, p. 262.

é justamente a informação segundo a qual tem o Município a aludida autonomia (política e administrativa), pois esta foi consagrada, de forma absolutamente explícita, pela letra da CF/88; o que está em causa, ou deveria estar em causa, sob o ângulo da Ciência Política, mais precisamente sob o prisma da teoria do federalismo, é o impacto da inserção do Município no mapa federalista brasileiro como ente federado.

Num primeiro limite de raciocínio, poder-se-ia argumentar que tal impacto é nulo, no sentido de que esta condição de ente federado não passaria de realidade normativa meramente nominal, com nenhuma significância no domínio das relações inerentes ao funcionamento do modelo federalista em causa. Já num segundo limite de raciocínio, poder-se-ia sustentar que tal impacto é total, no sentido de que a mera inserção da municipalidade no arranjo federalista brasileiro, como um dos entes federados, constitui ato que ultrapassa a questão normativa, transformando-se potencialmente, não apenas em termos quantitativos, mas fundamentalmente qualitativos, em ofensiva à própria substância teórica do federalismo em perspectiva da *sui generis* experiência histórica brasileira.

Em outras palavras, a teoria clássica do federalismo, pautada pela relação binária entre centro e periferia (União e Estados), não estaria apta a validar - *in totum* - a experiência federalista brasileira iniciada em 1988 com a materialização deste incomum triângulo federalista que agrega União, Estados e Municípios. No máximo, explicaria a experiência apenas parcialmente, na medida em que tal teoria não contempla, no seu perfil ortodoxo, a presença de terceiros federados (os poderes locais) no formato de corpo estranho denominado "Município". Afastado o primeiro limite de raciocínio, e tomando-se por aplicável ao campo concreto da prática federalista brasileira o segundo limite de raciocínio, nos termos aqui vislumbrados, uma das implicações mais graves do triângulo federalista implantado no Brasil compreende justamente a severa diminuição do poder relativo dos Estados no conjunto dos processos decisórios que orientam a governança do país no sentido mais amplo da expressão.

Assim, argumentarão os governadores dos Estados, por exemplo, que as relações estabelecidas sem intermediários entre as municipalidades e o poder central minam, ou mesmo neutralizam, o papel dos Estados como agentes organizadores da administração de seus próprios territórios; argumento, diga-se, rigorosamente válido. Em sentido oposto, por certo haverão de argumentar os prefeitos dos Municípios que a Carta de 1988 representou instrumento libertador das municipalidades, na medida em que essas entidades poderão fixar relações institucionais com a União num ambiente livre das amarras burocráticas tradicionalmente impostas pelos entes estaduais. Mais uma vez, diga-se, argumento rigorosamente válido.

Os agentes políticos que vivenciam o cotidiano da política brasileira, dos prefeitos aos governadores, dos deputados aos senadores, sabem bem que, ao fim, o que determinará a boa, ou má relação, entre as entidades periféricas (Estados e Municípios) e a União é o elemento partidário (a questão de pertencerem ou não às hostes dos chamados *partidos da base governista*). Prefeito que faz oposição ao partido de plantão que ocupa a cadeira presidencial está fadado à desventura financeira, pois sabe, também, que não receberá recursos financeiros da União naquelas hipóteses em que as respectivas transferências ocorrem de forma voluntária; ou seja, transferências que são viabilizadas por conta do poder discricionário do ente central. A complicada questão sobre a governabilidade no Brasil, no contexto das relações entre partidos políticos e poderes executivos (federal, estaduais e municipais) é tema relevante a merecer, como mereceu, estudos pormenorizados e específicos.

A análise dessas relações, contudo, não constitui o objeto de estudo dessa investigação, o que não significa, por óbvio, que tais relações devam ser ignoradas; ao contrário, compreender a realidade política do federalismo brasileiro em sua totalidade, particularmente as relações entre os entes federados, só é possível levando-se em conta a complexa questão dos arranjos partidários que sustentam, mesmo que de modo imperfeito e frágil, os governos da hora, incluídas, invariavelmente, a esfera federal e os campos estaduais e municipais.

Em contraste com a frágil autonomia dos Estados, a qual é fundamentalmente resultante, como antes sustentado, do gigantismo da União, a questão da autonomia dos Municípios não pode ser assimilada do mesmo modo. Por conseguinte, não faz sentido, considerada a fórmula clássica do federalismo (União e Estados), discorrer sobre o gigantismo do poder central em relação à magnitude política das municipalidades. Esta não é a questão e o produto de tal apreciação seria demasiadamente evidente. A singularidade brasileira (caracterizada precisamente pela inserção da municipalidade como ente federado no mapa do ajuste federalista) não é, sob o prisma teórico, dado que possa validar e escorar uma análise do tipo *União* vs. *Municípios*, justamente por inexistir suporte teórico de matriz federalista para abarcar tal análise. Fundamental, neste sentido, a lição de R. Boudon e F. Bourricaud (1993), para quem uma teoria *stricto sensu* compreende "um conjunto de proposições encadeadas umas às outras que permite deduzir consequências que, em princípio, é possível confrontar com a realidade".[275]

Logo, de duas, uma: (i) ou a teoria do federalismo apresenta, à partida, falha estrutural insanável na medida em que não vislumbrou a possibilidade da presença dos poderes locais como entes federados; (ii) ou a teoria do federalismo simplesmente não apresenta falha estrutural desta natureza, cabendo ao observador da aludida singularidade a hipótese imperativa de buscar outros instrumentos e outros paradigmas que lhe possam franquear um entendimento mínimo sobre a inusitada condição dos Municípios no diagrama federalista brasileiro. Sendo a experiência federalista brasileira, iniciada no ano de 1988, episódio típico de ensaio incomum e, por isso mesmo, conjectura clara de exceção ao preceito dual inerente à teoria clássica do federalismo, confirma-se, por exclusão alternativa, a segunda hipótese: a teoria do federalismo não traz a falha estrutural supramencionada. Assim, é plausível sustentar haver uma cavidade teórica, larga e profunda, a separar as próprias bases da teoria do federalismo da práxis brasileira (orientada pela municipalidade como ente que integra a federação). Em síntese, não se coaduna a teoria com a realidade federalista brasileira, o que não implica dizer abrigar a teoria sob apreciação, neste aspecto, qualquer defeito de origem ou mesmo qualquer vício insanável, na medida em que esta foi construída com a finalidade de pacificar

[275] BOUDON, R., & BOURRICAUD, F. *Op. cit.*, p. 558.

duas, e apenas duas, vertentes antagônicas, estabelecendo-se entre ambas, como resultante desta pacificação, uma conexão orgânica pautada pela lógica de uma racionalidade binária.

A saída possível para tal impasse - analisar a posição dos Municípios no arranjo federalista sem a devida sustentação teórica - talvez exija o exame do Município em relação a si mesmo, nomeadamente no tocante ao seu grau de autonomia. É importante lembrar, sempre, que *os Estados são autônomos, por definição, em qualquer modelo federalista* (independentemente da capacidade financeira deste ou daquele Estado). Esta regra, contudo, não é aplicável aos Municípios (*a municipalidade, por definição, não integra a equação federalista*), que poderão gozar, ou não, de autonomia, a depender do texto constitucional vigente. No caso brasileiro, por força do que expressamente preconiza a CF/88 (artigo 18), os Municípios são entes federados detentores de autonomia (ressalte-se que desde 1891 sempre tiveram autonomia). Daí a necessidade de se averiguar se esta autonomia é ou não é real. Sendo real, talvez, e tão somente talvez, poder-se-ia argumentar no sentido da necessidade de uma federação de Estados e Municípios, arquétipo que estaria apto, em tese, a fomentar maior equilíbrio à totalidade do sistema. Não sendo real, certamente, e sempre certamente, poder-se-ia professar a inutilidade desta fórmula federalista triangular, restando exclusivamente ao observador da realidade política brasileira a dúvida sobre o caráter disfuncional ou apenas afuncional do Município no mapa federalista desenhado em 1988.

A noção de *artificial autonomia dos Municípios*, conforme a indicação do título do tópico presente, decorre fundamentalmente de uma premissa e, ainda, de uma constatação. A premissa pode ser traduzida, em síntese, nos seguintes termos: a autonomia do Município brasileiro, levando-se em consideração seu atípico *status* de ente federado, não deveria limitar-se aos conteúdos político e administrativo inerentes ao próprio conceito de autonomia.[276] Ressalte-se,

[276] Por "não deveria", entenda-se o domínio do dever-ser em sua versão negativa. É forçoso reconhecer que a autonomia municipal brasileira tem graves limitações, nomeadamente de ordem econômica, o que não implica negação da validade do conceito formal de autonomia, o qual, contudo, revela-se qualitativamente finito

desde já, por um lado, que a autonomia do Município brasileiro, nos termos da Carta Magna de 1988, não passa de uma autonomia meramente artificial, uma autonomia que não resiste à mínima apreciação crítica, em especial quando examinada sob o prisma da situação de absoluta penúria financeira dos poderes locais. Por outro lado, a autonomia dos Municípios, nos limites do ponto de vista formal, engloba exatamente os aspectos político e administrativo mencionados pelo próprio texto constitucional, dado analisado à exaustação por inúmeros autores, principalmente aqueles da Ciência do Direito, inclusive por C. L. A. Rocha (1997) naquele fragmento reproduzido ao início. Sobre a constatação – a realidade econômica das municipalidades –, trataremos de arrazoar mais adiante.

Por um lado, afirma a autora, nos termos do citado fragmento, ser a autonomia municipal uma "autonomia política e administrativa" (interpretação literal da letra constitucional); por outro lado, assevera, e daí o equívoco, que

> do princípio constitucional da autonomia política municipal, decorre a condição de deter essa entidade federada estrutura sociopolítica própria e condições financeiras suficientes à realização de objetivos locais consoantes com os princípios constitucionais positivados no sistema jurídico.[277]

Não, terminantemente não decorre tal condição (a questão da constatação a ser analisada mais à frente): o erro resulta precisamente do entendimento segundo o qual as "condições financeiras suficientes à realização de objetivos locais" são decorrentes "do princípio constitucional da autonomia política municipal" (definitivamente não o são). Há, aparentemente, por parte da autora, uma confusão de categorias: o *dever-ser* da norma embutida no texto constitucional (*a previsão*) em oposição ao *ser* das condições visíveis do cotidiano

---

para o efeito da análise política do tema relacionado às municipalidades no quadro da experiência federalista brasileira. Se o conceito formal de autonomia traduz uma *realidade normativa*, definitivamente não traduz uma *realidade política*.

277 ROCHA, C. L. A. *Op. cit.*, p. 262.

municipal (*a realidade*). Aliás, a relação de complementaridade entre o *dever-ser* normativo e o *ser* concreto está longe de ser uma relação consubstanciada por qualquer elo de causalidade (no máximo, e mediante severo esforço, uma relação pautada pela expectativa de realização do comando embutido no *dever-ser*).

Em verdade, uma colossal lacuna afasta a previsão da norma (*aquilo que deve ser*) da realidade financeira das municipalidades (*aquilo que é*), lacuna que desde já serve de sinalizador da referida constatação. Vale destacar que esta lacuna já se impunha no Brasil mesmo durante os tempos remotos do Império. Deste modo, na metade do século XVII, a Câmara de São Luís do Maranhão pranteava o "miserável estado do povo, e do seu próprio, requerendo ao governador que não metesse as suas poucas rendas nos cofres da fazenda real, pois a casa das vereações estava a cair aos pedaços, e as fontes públicas arruinadas".[278] V. N. Leal (2012), em exame agudo sobre o tema, confirma o aludido cenário de escassez, ao afirmar que "apertadas por um lado pelo fisco da Nação, as províncias acabavam por espremer os municípios numa estreitíssima faixa tributária, que mal lhes permitia definhar na indigência".[279] A supramencionada lacuna poderia ser tapada se houvesse, à partida, o reconhecimento irrefragável de que uma autêntica autonomia haveria de inexoravelmente combinar, numa realidade mais abrangente, as autonomias político-administrativa e econômica das municipalidades. Ainda, uma autêntica autonomia deste tipo implicaria, forçosamente, o alargamento do poder de tributar dos Municípios. Uma autonomia desprovida de lastro econômico e divorciada de sustentabilidade financeira é qualquer coisa, mas não é autonomia.

Em suma, num país denominado *República Federativa*, autonomias artificiais (e, portanto, puramente nominais) não servem de caldo para alimentar uma cultura federalista, assim como não servem de combustível para fomentar, de modo permanente e efetivo,

---

[278] LISBOA, J. F. (1901). *Obras*. 2ª edição, acrescida de apêndice de Sotero dos Reis, p. 180.

[279] LEAL, V. N. (2012). *Coronelismo, enxada e voto: o município e o regime representativo no Brasil*. São Paulo, Companhia das Letras, p. 146.

sua própria governabilidade. Deve-se ter em mente, aliás, que a junção dos elementos político e administrativo constitui, ainda, a base do conceito mínimo de governo, este entendido exatamente como a organização política e administrativa do Estado. Como bem exposto por S. E. Finer (1981), "o governo, no sentido de *processo de governar*, se compõe de dois elementos - escolher uma linha de ação e executá-la".[280] Assim, a "linha de ação" é o elemento político (conteúdo da ação: "o que fazer") e a correspondente "execução" representa o elemento administrativo (forma da ação: "como fazer").

A autonomia, deste modo, numa explicação mais que simplificada, compreende a autonomia política e a autonomia administrativa necessárias à arte de governar. Há que se destacar que do ponto de vista formal (e mesmo conceitual), à definição de autonomia basta a incidência conjugada dos dois elementos citados (político e administrativo), na linha preconizada pelo supramencionado autor. Controvérsia não há, por conseguinte, para a doutrina do Direito Constitucional, quando a Carta Magna desta ou daquela nação federalista proclama, em seus comandos normativos, a autonomia dos entes federados, sendo absolutamente rara, contudo, a hipótese de municipalidades usufruindo de *status* federativo. Assim sendo, em qualquer caso, independentemente da federação sob escrutínio, unidades federadas sempre terão autonomia (qualquer que seja o grau de autonomia fixado constitucionalmente). De outra forma não poderia ser: ente federado sem autonomia é qualquer coisa, menos ente federado.[281] Destarte, cumpre enfatizar uma vez mais que a eventua-

---

280 FINER, S. E. *Op. cit.*, p. 22.

281 Municipalidades, por seu turno, poderão gozar de autonomia, o que não implica serem entidades federadas. Esta, diga-se, é a fórmula que melhor se coaduna com a equação binária da teoria do federalismo: Estados autônomos como unidades da federação e poderes locais autônomos, desprovidos, contudo, de *status* federativo. Foi justamente este o modelo criado pela primeira carta constitucional brasileira da República. O texto de 1891, em seu artigo 6º (II, "f"), proclamava de maneira categórica "a autonomia dos municípios" (redação incluída pela Emenda Constitucional de 03 de setembro de 1926). Tendo-se o ano de 1926 como partida, faz quase um século, portanto, que Municípios gozam de autonomia no Brasil (autonomia consagrada, mesmo que de forma nominal,

lidade improvável de um arranjo federalista pautado pela existência de municipalidades autônomas detentoras de condição federativa constitui hipótese completamente diferente da compleição de qualquer modelo costumeiro de federalismo, o qual terá sempre em sua composição um feixe de unidades federativas autônomas que não se confundem com os citados poderes locais. Mesmo naquelas federações em que a autonomia das municipalidades foi consagrada expressamente pelas respectivas Cartas Magnas, tais municipalidades não foram transformadas em *criaturas federativas*.

O texto constitucional da Alemanha, por exemplo, em seu artigo 28 (2), garante a autonomia em causa.[282] O mesmo dispositivo vai além, associando de forma expressa o autogoverno dos poderes locais à noção de autonomia financeira, numa prova cabal de que a formulação da norma constitucional não é tarefa para diletantes. Em sentido similar, a Constituição da Federação Russa dedica seu Capítulo Oitavo (artigos 130, 131, 132 e 133) ao tema do autogoverno local, sem, contudo, conferir às municipalidades o traço especial de entidade federada. Singular ressalva feita, no mesmo texto constitucional, às cidades de Moscou e São Petersburgo, ambas consideradas, nos termos do artigo 65 daquela Carta Magna, "cidades de importância federal".[283] Merece destaque, ademais, que o modelo russo é integrado por várias categorias de entes federados, entre os quais repúblicas, territórios, regiões e áreas autônomas, nos termos previstos pelo aludido artigo 65.

Entretanto, quando determinada federação é edificada, nos moldes de sua norma constitucional, por três pilares federados, dentre os quais a municipalidade, necessário se faz indagar se este arquétipo triangular mostra-se viável à luz dos fundamentos do federalismo ou, ao contrário, se este protótipo triangulado revela-se

---

em todos os textos constitucionais brasileiros promulgados desde 1891), com o aumento e a diminuição dos patamares de autonomia ao longo do período. Daí a inovação, inútil, da CF/88 ao tratar as municipalidades como entidades federadas, fato sem precedentes na histórica republicana brasileira iniciada na Cidade do Rio de Janeiro em 1889.

282 *Lei Fundamental da República Federal da Alemanha* (fonte: http://goo.gl/yXR4ZL).

283 *Constituição da Federação Russa* (fonte: http://goo.gl/2YW5A7).

inviável sob o ponto de vista dos mesmos fundamentos. O mesmo raciocínio vale para a adequação, ou inadequação, do modelo tripartite brasileiro para o efeito da governança concreta do país. A Ciência Política, como bem lembrado por G. Burdeau (1959), "se propõe a estudar as relações de autoridade e obediência e seus efeitos sobre o comportamento dos homens, para daí deduzir uma explicação coerente e inteligível da estrutura e do dinamismo das sociedades políticas".[284]

Em última instância, buscou o presente estudo analisar justamente a *estrutura* singular e o *dinamismo* específico do modelo federalista vigente no Brasil desde 1988: a estrutura, por um lado, entendida como o desenho institucional que dá forma ao extravagante sistema federalista brasileiro; o dinamismo, por outro lado, compreendido como o amplo conjunto de relações – tácitas e expressas, horizontais e verticais, diretas e indiretas, frequentes e infrequentes – inerentes ao próprio funcionamento da supramencionada estrutura. Ao contrário da relação entre *dever-ser* e *ser*, a relação entre *estrutura* e *dinamismo* tem, invariavelmente, caráter de causalidade e corporatura de interdependência, na medida em que uma determinada estrutura de tipo φ conterá, por definição, um qualquer dinamismo de tipo ψ, independentemente de variações e mutações que possam ocorrer na esfera própria da estrutura ou no domínio próprio do dinamismo. A relação entre estrutura e dinamismo será sempre orientada por uma relação de causa e efeito.

Isto posto, no modelo clássico do federalismo, a dualidade composta por União e Estados é inflexível, imperativa e categórica, pouco importando, para a dinâmica puramente mecânica (p. ex., constantes movimentos horizontais e movimentos verticais[285]) da conformação federalista, se a autonomia daquela, ou se a autonomia destes, tem ou não lastro econômico bastante para viabilizar, por exemplo, a boa governança por parte do ente central ou por parte das unidades federadas. Contudo, é imperioso que se reconheça que, do ponto de vista sistêmico, a eventual incapacidade financeira da União haverá

[284] BURDEAU, G. (1959). *Méthodes de la science politique.* Paris, Dalloz, p. 11.

[285] ERBSEN, A. (2008). Horizontal Federalism. *Minnesota Law Review.* 93, p. 8.

de afetar a qualidade do sistema em seu conjunto, o mesmo valendo para a eventual incapacidade financeira de determinados Estados, na medida em que o comportamento de qualquer unidade do sistema afeta o funcionamento do mesmo sistema em sua totalidade. Daí a importância da lição insuperável de B. Pascal (1954):

> Todas as coisas sendo causadas e causadoras, ajudadas e ajudantes, mediatas e imediatas, todas ligando-se por um laço natural e insensível que liga as mais afastadas e as mais diferentes, considero impossível conhecer o todo sem conhecer particularmente as partes.[286]

Quanto mais balanceada, por exemplo, a distribuição de recursos centrais para as unidades periféricas (é o caso do financiamento de obras públicas nos Estados com dinheiro do erário federal), maior será o equilíbrio integral do sistema, desde que efetivamente consideradas as assimetrias existentes entre as aludidas unidades. Estamos tratando aqui, mesmo que hipoteticamente, de um comportamento pautado pela equidade por parte de uma unidade autônoma do sistema (a União), comportamento que afetará, inexoravelmente, o dinamismo do sistema em sua totalidade. Sendo "impossível conhecer o todo sem conhecer particularmente as partes" (o todo entendido como o arranjo federalista brasileiro no seu espectro mais amplo), é crucial sopesar a conduta real da União, dos Estados e dos Municípios no universo federalista do qual fazem parte.

Tendo-se em pensamento a reflexão de Pascal e considerando-se o exemplo da alocação de recursos oriundos do poder central, o equilíbrio integral do sistema exige, como "contrapartida" das unidades periféricas, racionalidade na aplicação daqueles recursos. Importante ressaltar que o funcionamento mínimo de qualquer ajuste federalista só será possível se todas as peças do sistema vivenciarem continuamente relações recíprocas racionais (a racionalidade entendida, fundamentalmente, como "adequação dos meios aos

---

286 PASCAL, B. (1954). *Oeuvres complètes.* Paris, Gallimard, p. 1110.

fins"[287]), sendo a questão envolvendo a transferência e o aproveitamento de recursos públicos meramente exemplificativa, na medida em que o amplo espectro de relações inerentes aos sistemas federalistas ultrapassa largamente esta questão particular.

Já no tocante ao tópico específico da autonomia municipal no Brasil, como já observado, resta claro tratar-se de matéria que ultrapassa em larga medida o aspecto meramente normativo do tema. Por isso mesmo, para uma compreensão mais profunda do impacto do Município sobre o sistema federalista vigente, é preciso enfrentar agora aquela questão da constatação, a qual diz respeito à realidade econômica dos Municípios que integram o imenso território do Brasil. Por um lado, para o observador leigo, é absolutamente surpreendente e impactante o dado segundo o qual uma nação possa congregar quase seis mil municipalidades, todas autônomas e todas usufruindo de *status* federativo. Por outro lado, mesmo para o mais atento observador científico, seja este da Antropologia, da Sociologia, da História, da Economia, da Geografia ou da Ciência Política, a informação será igualmente surpreendente e impactante, tendo em vista, sobretudo, sua grandeza quantitativa.

A questão do Município como ente federado no Brasil, apesar disso, constitui problema acima de tudo qualitativo, nomeadamente no contexto de um país que adotou, em seu mais recente texto constitucional, modelo peculiar de federação que representa experiência institucional sem precedentes na história republicana brasileira. Em outras palavras, para o contexto do presente estudo sobre o federalismo brasileiro, o número de municipalidades espalhadas pelo território do Brasil é quase irrelevante, pois a anomalia federativa em curso não diz respeito, para as finalidades particulares desta pesquisa, à quantidade de Municípios existentes no país.

A municipalidade como peça da máquina federativa brasileira, já sugerimos, constitui solução institucional à revelia da teoria do federalismo. O modelo binário do federalismo faz sentido justamente por ser binário, tautologia aqui empregada de forma proposital. A

[287] BOUDON, R., & BOURRICAUD, F. *Op. cit.*, p. 455.

solução federativa, construída na origem por pensadores dos EUA, partia do pressuposto segundo o qual aquela nação haveria de encontrar um equilíbrio governativo em razão de uma relação orgânica e duradoura entre poder central e poderes periféricos.[288] A solução, diga-se, é extraordinariamente simples do ponto de vista geométrico, daí a sua fortaleza e sua robustidão teórica.[289] Ao depositar um componente estranho – o Município – no tablado da federação brasileira, o legislador constituinte dá origem ao que podemos batizar de *jabuticaba federalista*: fruta que só dá no Brasil.[290]

A panaceia brasileira, sempre inspirada no improviso inconsequente e no devaneio irresponsável, associada umbilicalmente àquela preguiça arraigada de *Macunaíma*, nunca teve limites. Poder-se-ia argumentar, em favor dos constituintes, que a nova carta constitucional, produto necessário à legitimação do período democrático instaurado com o fim do regime militar (1964-1985), poderia e deveria franquear ao máximo a autonomia municipal no Brasil, tendo em vista, inclusive, a tradição municipalista que sempre pautou a história republicana brasileira. Argumento justo, mas rigorosamente insuficiente para sustentar uma federação triangular, modelo construído à revelia de qualquer sustentação de ordem teórica no campo do federalismo.

Se, em sentido diverso, tivesse tido o constituinte brasileiro a noção mínima sobre o completo "esgotamento da capacidade financeira do setor público"[291] (situação gravíssima durante a década de 1980[292] e do mesmo modo gravíssima no tempo corrente), talvez houvesse optado por sancionar a autonomia municipal sem a invencionice de uma autonomia federativa para as municipalidades.

---

288 ERBSEN, A. *Op. cit.*, p. 4.

289 Não devemos confundir aplicação variável da teoria com alteração de conteúdo da mesma teoria.

290 Pura lenda.

291 GREMAUD, A. P. & TONETO JR., R. (2002). Descentralização e endividamento municipal: formas, limites e possibilidades. *Nova Economia*. 12 (2), p. 110.

292 SALLUM JR, B. & KUGELMAS, E. (1991). O Leviathan declinante: a crise brasileira dos anos 80. *Estudos Avançados*. 5 (13), p. 145.

Justamente por não terem autonomia econômica, jamais poderiam ter-lhes franqueada autonomia federativa. Se o contrário fosse verdade, com Municípios economicamente viáveis, faria algum sentido imaginar, e tão somente nesta hipótese, a *jabuticaba federalista* de contorno triangular, com União, Estados e Municípios integrados numa federação minimamente sustentável, tendo a municipalidade, neste caso, a função precípua de equilibrar o federalismo brasileiro em suas bases territoriais menores e mais remotas (poderes locais). Não é este, entretanto, o cenário. Mesmo para aqueles Municípios com maior poderio arrecadatório e maior lastro econômico, tais como as capitais das entidades subnacionais, a situação é igualmente gravíssima:

> Desta forma, os municípios, especialmente os de maior porte, estão assumindo um leque de funções – provisão de serviços públicos, infraestrutura e desenvolvimento urbano, políticas de combate à pobreza e geração de emprego, políticas de desenvolvimento etc. – sem que seus orçamentos suportem estas pressões, uma vez que estão comprometidos pelo significativo aumento dos gastos de custeio pós-Constituição.[293]

Daí a primeira face da constatação: os Municípios no Brasil, com raras exceções, não são entidades economicamente viáveis em função, entre outras variáveis, de seus elevadíssimos patamares de endividamento. Segunda face da constatação: o endividamento municipal contribuiu em larga escala para a *Dívida Bruta do Governo Geral* (DBGG), a qual "abrange o total dos débitos de responsabilidade do governo federal e dos governos estaduais e municipais junto ao setor privado, ao setor público financeiro e ao resto do mundo. São incluídas também as operações compromissadas realizadas pelo Banco Central com títulos públicos".[294] Isso implica, por óbvio, menos capacidade da União e dos Estados para financiar projetos de

---

293 GREMAUD, A. P. & TONETO JR., R. *Op. cit.*, p. 111.

294 Fonte: *Banco Central do Brasil* (http://goo.gl/ttcKsT).

desenvolvimento nos próprios Municípios. Diga-se, aliás, que a citada dívida bruta brasileira, "estimada em 66,7%, é a maior entre os principais emergentes".[295]

As duas faces até aqui retratadas evidenciam a artificialidade da autonomia municipal: (i) os Municípios não gozam de autonomia econômica em relação a si mesmos; e (ii) os Municípios não gozam de autonomia econômica em relação ao poder central e aos poderes estaduais, na medida em que são devedores contumazes destes mesmos poderes. Há, finalmente, uma terceira expressão (talvez a mais evidente de todas) desta artificialidade, face que produz impacto direto, e negativo, sobre as duas primeiras: (iii) os Municípios não gozam de suficiente autonomia tributária capaz de lastrear o custeio sustentável de suas próprias competências (nomeadamente aquelas de caráter executivo). O teor do artigo 156 da CF/88 é altamente indicativo desta profunda insuficiência, ao prever três - e apenas três - impostos de competência das municipalidades.[296]

[295] *Folha de S. Paulo*, 26.09.14 (fonte: http://goo.gl/ucEu46).

[296] Há outras fontes de receita municipal (taxas, tarifas, contribuições, transferências constitucionais), mas em sentido estrito, são apenas três os impostos que integram a esfera tributária dos Municípios, nos termos dos incisos I, II e III do aludido artigo 156.

REFERÊNCIAS

ABBAGNANO, N. (1969). *História da filosofia*. Vol. 3. Lisboa, Editorial Presença.

ACKERMAN, B. A. (1980). Beyond the New Deal: Coal and the Clean Air Act. *The Yale Law Journal*. 89.

ADLER, R. W. (1997). Unfunded Mandates and Fiscal Federalism: A Critique. *Vanderbilt Law Review*. 50.

AFFONSO, R. (1994). A crise da federação no Brasil. *Ensaios* (Fundação de Economia e Estatística). 15 (2).

ALMEIDA, J. M. D. (2003). A NATO e a intervenção militar na Bósnia. *Nação e Defesa*. 105 (2).

ANDRÉ, J. G. (2012). *Razão e liberdade: o pensamento político de James Madison*. Lisboa, Esfera dos Caos.

ARAÚJO, R. B. M. D., COSTA, J. M. A., & CUNHA, M. C. (2010). Federalismo cooperativo brasileiro: implicações na gestão da educação municipal. *Jornal de Políticas Educacionais*. 8.

ARRETCHE, M. T. S. (2012). *Democracia, federalismo e centralização no Brasil*. Rio de Janeiro, FGV.

AVER, T. T., Nnorom, K. C., & Targba, A. (2013). Political violence and its effects on social development in Nigeria. *International Journal of Humanities and Social Science*. 3 (17).

BARBOSA, L. V. D. Q., CARVALHO, E., & GOMES NETO, J. M. W. (2010). Rule of law e qualidade legislativa: evidências do Supremo Tribunal Federal. *Revista de Informação Legislativa*. 47 (186).

BATAVELJIĆ, D. (2012). Federalism: The Concept, Development and Future. *International Journal of Humanities and Social Science*. 2 (24), Special Issue.

BEARY, B. (2008). *Separatist movements: should nations have a right to self-determination? CQ Global Researcher*. 2 (4).

BEGG, I. (2009). *Fiscal federalism, subsidiarity and the EU budget review*. Stockholm, Swedish Institute for European Policy Studies (SIEPS).

BENNETT, R. J. (1983). Individual and territorial equity. *Geographical Analysis*. 15 (1).

BHAGWAT, A. A. (2008). Cooper v. Aaron and the Faces of Federalism. *St. Louis University Law Journal*. 52.

BHATTACHERJEE, A. (2012). *Social science research: principles, methods, and practices*. Tampa, University of South Florida.

BINDER, S. A., & MALTZMAN, F. (2009). *Advice & dissent the struggle to shape the federal judiciary*. Washington, D.C., Brookings Institution Press.

BIRD, R. M., & VAILLANCOURT, F. (1998). *Fiscal decentralization in developing countries*. Cambridge, U. K., Cambridge University Press.

BIRD, R. M., & VAILLANCOURT, F. (1998). *Fiscal decentralization in developing countries*. Cambridge, U. K., Cambridge University Press.

BITAR, O (1978). *Obras completas*. 3º volume. Conselho Federal de Cultura e Departamento de Assuntos Culturais.

BLANK, Y. (2009). Federalism, subsidiarity, and the role of local governments in an age of global multilevel governance. *Fordham Urban Law Journal*. 37 (2).

BOBBIO, N., MATTEUCCI, N., & PASQUINO, G. (1991). *Dicionário de política*. Brasília, Editora Universidade de Brasília.

BOCANEGRA, R., & Huergo, A. (2005). *La conferencia de presidentes*. Madrid, Iustel.

BOIX, C., & STOKES, S. C. (2007). *The Oxford handbook of comparative politics*. Oxford, Oxford University Press.

BONAVIDES, P. (2000). *Ciência política*. São Paulo, Malheiros.

BORJA, R. (1997). *Enciclopedia de la política*. México (D. F.), Fondo de Cultura Económica.

BOUDON, R., & BOURRICAUD, F. (1993). *Dicionário crítico de sociologia*. São Paulo, Ática.

BOWMAN, A. O. (2004). Horizontal Federalism: Exploring Interstate Interactions. *Journal of Public Administration Research and Theory*. 14.

BRYMAN, A. (2008). *Social research methods*. Oxford, Oxford University Press.

BUMGARNER, J. B. (2006). *Federal agents: the growth of federal law enforcement in America*. Westport, Conn, Praeger.

BURDEAU, G. (1959). *Méthodes de la science politique*. Paris, Dalloz.

CAMERON, M. A., & FALLETI, T. G. (2005). Federalism and the Subnational Separation of Powers. *Publius: The Journal of Federalism*. 35.

CARA, D. (2012). Municípios no pacto federativo: fragilidades sobrepostas. *Revista Retratos da Escola*. 6 (10).

CAREY, G. W. (2001). *The Federalist* (*The Gideon Edition*), edited with an Introduction, Reader's Guide, Constitutional cross-reference, Index, and Glossary by George W. Carey and James McClellan. Indianapolis, Liberty Fund.

CHACON, V. (1977). *Estado e povo no Brasil: as experiências do Estado Novo e da democracia populista, 1937-1964*. Rio de Janeiro, Livraria J. Olympio Editora.

CHASE, H. W. (1972). *Federal judges: the appointing process*. Minneapolis, University of Minnesota Press.

Cheren, R. D. (2014). Environmental controversies between two or more states. *Pace Environmental Law Review*. 31 (1).

CINTRA, A. C. D. A., GRINOVER, A. P., & DINAMARCO, C. R. (2011). *Teoria geral do processo*. São Paulo, Malheiros.

Constituição da Federação Russa. Disponível em *Constitute* (www.constituteproject.org).

COOMBS, C., BEZEMBINDER, T., & GOODE, F. (1967). Testing expectation theories of decision making without measuring utility or subjective probability. *Journal of Mathematical Psychology*. 4.

Dosenrode, S. (2007). *Approaching the European federation?* Aldershot, England, Ashgate.

DRAKE, F. D., & NELSON, L. R. (1999). *States' rights and American federalism: a documentary history*. Westport, Conn, Greenwood Press.

DULCI, O. S. (2002). Guerra fiscal, desenvolvimento desigual e relações federativas no Brasil. *Revista de Sociologia e Política*. 18.

Dyevre, A., & Jakab, A. (2013). Foreword: Understanding Constitutional Reasoning. *German Law Journal*. 14 (8).

EID, A. H. (2003). Federalism and Formalism. *William & Mary Bill of Rights Journal*. 11 (3).

ELAZAR, D. (1987). *Exploring federalism*. Tuscaloosa, University of Alabama Press.

ELAZAR, D. J. (1995). *Federalism: an overview*. Pretoria, HSRC Publishers.

ERBSEN, A. (2008). Horizontal Federalism. *Minnesota Law Review*. 93.

ESSER, J. (1961). *Principio y norma en la elaboración jurisprudencial del derecho privado*. Barcelona, Bosch.

EVANS, H. (2009). Constitutionalism, bicameralism, and the control of power. *Parliament, Politics and Power: Papers on Parliament* (Department of the Senate, Parliament House, Canberra). 50.

FAORO, R. (2008). *Os donos do poder: formação do patronato político brasileiro*. São Paulo, Globo.

FARIAS, P. J. L. (2013). O papel do federalismo na proteção ambiental e no desenvolvimento das diferentes regiões brasileiras: os estados-membros como laboratórios de melhores modelos de proteção ambiental. *Revista do Instituto do Direito Brasileiro*. 14.

FÁVARO, T., RIBAS, D. L. B., ZORZATTO J. R., SEGALL-CORRÊA, A. M., & PANIGASSI, G. (2007). Segurança alimentar em famílias indígenas Teréna. *Cadernos de Saúde Pública*. 23.

FEELEY, M. M., & Rubin, E. (2008). *Federalism: Political Identity and Tragic Compromise*. Ann Arbor, University of Michigan Press.

FERRAZ, a. c. d. c. (1994). *Conflito entre poderes: o poder congressual de sustar atos normativos do poder executivo*. São Paulo, Revista dos Tribunais.

FERREIRA FILHO, M. G. (1997). *Comentários à Constituição brasileira de 1988*. Volume I. São Paulo, Saraiva.

FERREIRA, J. (2011). O trabalho político. *O Social em Questão*. 25/26.

FINER, S. E. (1981). *Governo comparado*. Brasília, Editora Universidade de Brasília.

FINLAY, L., & ZIMMERMANN, A. (2011). Reforming federalism: a proposal for strengthening the Australian federation. *Monash University Law Review*. 37 (2).

FLEINER, T. (2009). The current situation of federalism in Switzerland. *Revista d'Estudis Autonòmics y Federals*. 9.

FOSSATI, A., & PANELLA, G. (1999). *Fiscal federalism in the European Union*. London, Routledge.

FRANKLIN, D. L. (2009). Justice Ginsburg's Common Law Federalism. *New England Law Review*. 43 (4).

FREITAS, J. S. D., & SILVA, F. Q. S. (2014). O papel da UNODC no combate ao tráfico de drogas na Guiné-Bissau: interpretações neoinstitucionalistas. *Revista de Estudos Internacionais (REI)*. 5 (2).

FREYRE, G. (1980). *Casa-grande & senzala: formação da família brasileira sob o regime de economia patriarcal*. Rio de Janeiro, Livraria José Olympio Editora/INL-MEC.

FREYRE, G. (2009). *Sociologia: introdução ao estudo dos seus princípios*. Rio de Janeiro, Livraria José Olympio Editora.

FRIEDRICH, C. J. (1975). *Gobierno constitucional y democracia: teoría y práctica en Europa y América*. Madrid, Instituto de Estudios Políticos.

FRIEDRICH, C. J. (1975). *Gobierno constitucional y democracia: teoría y práctica en Europa y América*. Madrid, Instituto de Estudios Políticos.

GAMPER, A. (2005). A Global Theory of Federalism: The Nature and Challenges of a Federal State. *German Law Journal*. 6 (10).

GERSTON, L. N. (2007). *American federalism: a concise introduction*. Armonk, N.Y., M.E. Sharpe.

GIUR. Costit., I, 1956, 593, *apud* Norberto Bobbio, "Principi generali di Diritto", in *Novissimo Digesto Italiano*, v. 13.

GOMES, L. (2013). *1889: como um imperador cansado, um marechal vaidoso e um professor injustiçado contribuíram para o fim da monarquia e a proclamação da República no Brasil*. São Paulo, Globo.

GORDIN, J. P. (2010). Paradoxes of federalism?: political institutions and fiscal decentralization in Argentina and Spain. *Revista d'Estudis Autonòmics i Federals*. 11.

GRAU, E. R. (2002). *Ensaio e discurso sobre a interpretação/aplicação do direito*. São Paulo, Malheiros.

GREER, S. L. (2006). *Territory, democracy and justice: regionalism and federalism in western democracies*. Houndmills, Basingstoke, Hampshire, Palgrave Macmillan.

GREMAUD, A. P. & TONETO JR., R. (2002). Descentralização e endividamento municipal: formas, limites e possibilidades. *Nova Economia*. 12 (2).

GREY, B. (2002). The New Federalism Jurisprudence and National Tort Reform. *Washington & Lee Law Review*. 59.

GROHMANN, L. G. M. (2001). A separação de poderes em países presidencialistas: a América Latina em perspectiva comparada. *Revista de Sociologia e Política*. 17.

GROSSI, A. C. E. B. C. Relações intergovernamentais e segurança pública: uma análise do fundo nacional de segurança pública. Revista Brasileira de Segurança Pública. 1 (1).

GUNLICKS, A. B. (2005). German federalism and recent reform efforts. German Law Journal. 6 (10).

HALBERSTAM, D. (2012). In *The Oxford Handbook of Comparative Constitutional Law* (Chapter 27). Edited by Michel Rosenfeld and András Sajó. Oxford, Oxford University Press.

HAMILTON, A., MADISON, J., & JAY, J. (2011). *O federalista*. Tradução, introdução e notas de Viriato Soromenho-Marques e João C. S. Duarte. Prefácio de Adriano Moreira. 2a edição. Lisboa, Fundação Calouste Gulbenkian.

HANSCHEL, D. (2012). German federalist thinking and international law. *Goettingen Journal of International Law*. 4 (2).

HARRIS, R. J. (1960). *The quest for equality: the Constitution, Congress, and the Supreme Court*. Baton Rouge, Louisiana State University Press.

HEGEL, G. W. F. (1997). *Princípios da filosofia do direito*. São Paulo, Martins Fontes, p. 217.

HENNING, P. J. (2010). Federalism and the Federal Prosecution of State and Local Corruption. *Kentucky Law Journal*. 92.

HESSE, K. (1983). *Escritos de derecho constitucional* (*seleccion*). Madrid, Centro de Estudios Constitucionales.

HOBBES, T. (2001). *Leviatã ou matéria, forma e poder de um estado eclesiástico e civil*. São Paulo, Martin Claret.

HORTA, R. M. (1964). *A autonomia do estado-membro no direito constitucional brasileiro*. Belo Horizonte, Universidade de Minas Gerais.

HULLIUNG, M. (2007). *The social contract in America: from the revolution to the present age*. Lawrence, University Press of Kansas.

JAEGER, W. (1973). *Paidéia: a formação do homem grego*. São Paulo, Herder.

KOŁAKOWSKI, L., & FALLA, P. S. (2005). *Main currents of Marxism: the founders, the golden age, the breakdown*. New York, W.W. Norton & Company.

KUNZLER, C. D. M. (2004). A Teoria dos Sistemas de Niklas Luhmann. *Estudos de Sociologia*. 16.

LALANDE, A. (1993). *Vocabulário técnico e crítico da Filosofia*. São Paulo, Martins Fontes.

LEAL, V. N. (2012). *Coronelismo, enxada e voto: o município e o regime representativo no Brasil*. São Paulo, Companhia das Letras.

LEI *Fundamental da República Federal da Alemanha*. Disponível em *Constitute* (www.constituteproject.org).

LIJPHART, A. (1989). *As democracias contemporâneas*. Lisboa, Gradiva.

LIMA, L. D. D., OLIVEIRA, R. G. D., & VIANA, A. L. D. (2002). Descentralização e federalismo: a política de saúde em novo contexto – lições do caso brasileiro. *Ciência & Saúde Coletiva*. 7 (3).

LIPSON, L. (1976). *Os grandes problemas da ciência política*. Rio de Janeiro, Zahar Editores.

LISBOA, J. F. (1901). *Obras*. 2a edição, acrescida de apêndice de Sotero dos Reis.

LOPES, A. M. D. A. (2008). Proteção constitucional dos direitos fundamentais culturais das minorias sob a perspectiva do multiculturalismo. *Revista de Informação Legislativa*. 45 (177).

MAGALHÃES, R. S. D. (2010). O direito à vida nos elementos da lei natural e política de Hobbes. *Cadernos Espinosanos*. 23.

Manjón, D. F. (2001). La colaboración como instrumento de construcción de los estados compuestos asimétricos: luces y sombras. *Autonomies*. 27.

MARSHALL, G. (1980). *Constitutional theory*. Oxford, Clarendon Press.

MARTIN, C. E., & GEORGE, W. H. (1927). *American government and citizenship; American political theory, government and politics, international relations*. New York, A.A. Knopf.

MAZZONE, J. (2001). The Social Capital Argument for Federalism. *Southern California Interdisciplinary Law Journal*. 11.

MEEKISON, J. P. (2004). *Reconsidering the institutions of Canadian federalism: the state of the federation 2002*. Montréal, Que, McGill-Queen's University Press.

MEIRELLES, H. L. (1989). *Direito Administrativo Brasileiro*. São Paulo, Revista dos Tribunais, p.671.

MILLER, L. (2012). *(Mis) understanding American federalism: on constitutions, collective action, competition, and quiescence*. Oxford (UK), The Foundation for Law, Justice and Society.

MILLER, R. A. (2009). In a Dissenting Voice: Justice Ginsburg's Federalism. *New England Law Review*. 43 (4).

MILLS, A. (2010). Federalism in the European Union and the United States: Subsidiarity, Private Law and the Conflict of Laws. *University of Pennsylvania Journal of International Law*. 32 (2).

MOHN, P. (2010). A repartição de competências na Constituição de 1988. *Revista de Informação Legislativa*. 47 (187).

MONTESQUIEU (1962). *Do espírito das leis*. São Paulo, Difusão Europeia do Livro.

MORAES, A. (2010). Federação brasileira: necessidade de fortalecimento das competências dos Estados-membros. *Revista Liberdade e Cidadania*. Ano II. 7.

NEGRETTO, G. L. (2003). Diseño constitucional y separación de poderes en América Latina. *Revista Mexicana de Sociología*. 65, 1.

NORRIS, P. (2008). *Driving democracy: do power-sharing institutions work*? Cap. 7. New York/Cambridge, Cambridge University Press.

OFFE, C. (1984). *Problemas estruturais do estado capitalista*. Rio de Janeiro, Tempo Brasileiro.

OLIVEIRA, R. P. D., & SANTANA, W. (2010). *Educação e federalismo no Brasil: combater as desigualdades, garantir a diversidade*. Brasília, Representação no Brasil, UNESCO.

OLSON, M. (1965). *The logic of collective action: public goods and the theory of groups*. Cambridge (MA), Harvard University Press.

OMMATI, F. (1977). Dos freios e contrapesos entre os poderes do estado. *Revista de Informação Legislativa*. 14 (55).

OSTROM, E. (2006). Converting threats into opportunities. *PS: Political Science & Politics*. 39(1), p.8.

OSTROM, E. (2014). A polycentric approach for coping with climate change. *Annals of Economics and Finance*. 15 (1), p. 101.

OSTROM, V. (1991). *The meaning of American federalism: constituting a self-governing society*. San Francisco, ICS Press.

OUTHWAITE, W., & BOTTOMORE, T. (1996). *Dicionário do pensamento social do século XX*. Rio de Janeiro, Zahar.

PANNIER, R. F. (1990). Justifying Federalism. *William Mitchell Law Review*. 16.

PASCAL, B. (1954). *Oeuvres complètes*. Paris, Gallimard.

PESQUISA *CNT do Transporte Marítimo 2012*.

PIÇARRA, N. (1989). *A separação dos poderes como doutrina e princípio constitucional: um contributo para o estudo das suas origens e evolução*. Coimbra, Coimbra Editora Limitada.

PI-SUÑYER, C. V. (2010). *The transition to a decentralized political system in Spain*. Ottawa, Forum of Federations.

PONZETTO, G. A. M., & FERNANDEZ, P. A. (2008). Case law versus statute law: an evolutionary comparison. *Journal of Legal Studies*. 37 (2).

Popper, K. (2004). *Lógica das ciências sociais*. Rio de Janeiro, Tempo Brasileiro.

POZEN, J. B. (2012). Federalism as a safeguard of the separation of powers. *Columbia Law Review*. 112 (3).

QUINTANA, S. V. L. (1988). La garantía del principio federal en la Constitución Argentina. México (D.F.), Universidad Nacional Autónoma de México.

QUIVY, R., & CAMPENHOUDT, L. V. (2013). *Manual de investigação em ciências sociais*. Lisboa, Gradiva.

RAMOS, P. R. B. (2012). Federalismo: condições de possibilidade e características essenciais. *Revista de Informação Legislativa*. 49 (193).

REDISH, M. H., & CISAR, E. J. (1991). "If Angels Were to Govern": The Need for Pragmatic Formalism in Separation of Powers Theory. *Duke Law Journal*. 41 (3).

REZENDE, F. (1995). Federalismo fiscal no Brasil. *Revista de Economia Política*. 15 (3).

RIABACKE, A. (2006). Managerial Decision Making Under Risk and Uncertainty. *IAENG International Journal of Computer Science*. 32 (4).

RIKER, W. H. (1964). *Federalism: origin, operation, significance*. Boston, Little, Brown.

ROCHA, C. L. A. (1997). *República e federação no Brasil: traços constitucionais da organização política brasileira*. Belo Horizonte, Del Rey.

ROCHA, C. V. (2011). Federalismo: dilemas de uma definição conceitual. *Civitas – Revista de Ciências Sociais*. 11 (2).

RODDEN, J. (2004). Comparative Federalism and Decentralization: On Meaning and Measurement. *Comparative Politics*. 36 (4).

ROUSSEAU, J.-J. (1996*). O contrato social*. São Paulo, Martins Fontes.

RYAN, E. (2007). Federalism and the Tug of War Within: Seeking Checks and Balance in the Interjurisdictional Gray Area. *Maryland Law Review*. 66.

SALDANHA, A. C. (2009). Estado federal e descentralização: uma visão crítica do federalismo brasileiro. *Revista Seqüência*. 59.

SALLUM JR, B. & KUGELMAS, E. (1991). O Leviathan declinante: a crise brasileira dos anos 80. *Estudos Avançados*. 5 (13).

SANDERS, A. B. (2005). The New Judicial Federalism before its Time: A Comprehensive Review of Economic Substantive Due Process under State Constitutional Law since 1940 and the Reasons for its Recent Decline. *American University Law Review*. 55 (2).

SANTANA, C. M. M. D. (2012). in *Reforma tributária: competitividade, equidade e equilíbrio federativo* / organizador Cláudio Puty [recurso eletrônico]. Brasília: Câmara dos Deputados, Edições Câmara.

SANTOS, M. D. (2005). Norma jurídica: uma questão de linguagem. *VEREDAS - Revista de Estudos Linguísticos*. 9 (1-2).

SARAIVA, J. F. S. (2004). A busca de um novo paradigma: política exterior, comércio externo e federalismo no Brasil. *Revista Brasileira de Política Internacional*. 47 (2).

SECCHIN, L. D. (2012). Um novo algoritmo para soluções ótimas locais do problema linear de dois níveis. *Revista TEMA (São Carlos) - Tend. Mat. Apl. Comput*. 13 (1).

SEGADO, F. F. (2003). *El federalismo en América Latina*. México, D.F., Universidad Nacional Autónoma de México.

SENA, A. G. D. (2007). Formas de resolução de conflitos e acesso à justiça. *Revista Tribunal Regional do Trabalho da Terceira Região*. 76.

SILVEIRA, A. (2007). *Cooperação e compromisso constitucional nos estados compostos: estudo sobre a teoria do federalismo e a organização jurídica dos sistemas federativos*. Coimbra, Almedina.

SILVEIRA, R. M. G. (1978). *Republicanismo e federalismo: um estudo da implantação da República Brasileira, 1889-1902*. Brasília, Centro Gráfico do Senado Federal.

SOROMENHO-MARQUES, V. (2011). *Tópicos de filosofia e ciência política: federalismo: das raízes americanas aos dilemas europeus*. Lisboa, Esfera do Caos.

SOUZA, C. (2005). Federalismo, desenho constitucional e instituições federativas no Brasil pós-1988. *Revista de Sociologia e Política*. 24.

SOUZA, C. (2005). Federalismo, desenho constitucional e instituições federativas no Brasil pós-1988. *Revista de Sociologia e Política*. 24.

SPINOZA, B. D. (1891). The Chief Works of Benedict de Spinoza, translated from the Latin, with an Introduction by. *RHM*. Elwes, vol. 1 Introduction, Tractatus-Theologico-Politicus, Tractatus Politicus. Revised edition. London, George Bell and Sons.

STEUERLE, C. E. (1998). *The government we deserve: responsive democracy and changing expectations*. Washington, D.C., Urban Institute Press.

STONE, J. (1946). *The Province and Function of Law*. Sydney: Associated General Publications.

SUNSTEIN, C. R. (2006). *Are judges political?: an empirical analysis of the federal judiciary*. Washington, D.C., Brookings Institution Press.

TAPIAS, J. A. P. (2013). *Invitación al federalismo: España y las razones para un Estado plurinacional*. Madrid, Editorial Trotta.

TARLTON, C. D. (1965). Symmetry and asymmetry as elements of federalism: a theoretical speculation. *The Journal of Politics*. 27.

TEJADA, J. T. (2010). Los convenios de cooperación entre comunidades autónomas: marco normativo y propuestas de reforma. *Revista d'Estudis Autonòmics y Federals*. 11.

TOMIO, F. R. D. L. (2005). Federalismo, municípios e decisões legislativas: a criação de municípios no Rio Grande do Sul. *Revista de Sociologia e Política*. 24.

TOYNBEE, A. J. (1986). *Um estudo da história*. Brasília, Universidade de Brasília; São Paulo, Martins Fontes.

TRIGUEIRO, O. (1980). *Direito constitucional estadual*. Rio de Janeiro, Forense.

US SUPREME COURT: 09-1227, *Bond v. United States*.

VARGAS, G., & SOARES, L. (1995). *Diário 2 1937 - 1942*. São Paulo, Siciliano.

WALTZ, K. N. (2002). *Teoria das relações internacionais*. Lisboa, Gradiva.

WEBER, M. (1979). *O político e o cientista*. Lisboa, Editorial Presença.

WEBER, M. (1999). *Economia e sociedade*. Vol. 2. Brasília, Editora Universidade de Brasília.

WEBER, M. (2001). *Metodologia das ciências sociais*. Parte 1. 4a Edição. São Paulo, Cortez.

WEFFORT, F. C. (1990). *Os clássicos da política*. Volume 1. São Paulo, Ática.

WEISER, P. J. (2001). Federal common law, cooperative federalism, and the enforcement of the telecom act. *New York University Law Review*. 76.

WESTOVER, C. L. (2005). Structural interpretation and the new federalism: finding the proper balance between state sovereignty and federal supremacy. *Marquette Law Review*. 88 (4).

YOLTON, J. W. (1996). *Dicionário Locke*. Rio de Janeiro, J. Zahar.